Buchner · Packen Sie's an

Dietrich Buchner

Packen Sie's an

5 Schritte
zum Erfolg

GABLER

Die Deutsche Bibliothek – CIP-Einheitsaufnahme

Buchner, Dietrich:
Packen Sie's an! : 5 Schritte zum Erfolg / Dietrich Buchner . –
Wiesbaden : Gabler, 1994
(Ein Sales-Profi-Buch)
ISBN 3-409-18736-7

Der Gabler Verlag ist ein Unternehmen der Verlagsgruppe Bertelsmann International.

© Betriebswirtschaftlicher Verlag Dr. Th. Gabler GmbH, Wiesbaden 1993
Lektorat: Manuela Eckstein

Höchste inhaltliche und technische Qualität unserer Produkte ist unser Ziel. Bei der Produktion und Verbreitung unserer Bücher wollen wir die Umwelt schonen. Dieses Buch ist auf säurefreiem und chlorfrei gebleichtem Papier gedruckt. Die Buchverpackung besteht aus Polyäthylen und damit aus organischen Grundstoffen, die weder bei der Herstellung noch bei der Verbrennung Schadstoffe freisetzen.

Die Wiedergabe von Gebrauchsnamen, Handelsnamen, Warenbezeichnungen usw. in diesem Werk berechtigt auch ohne besondere Kennzeichnung nicht zu der Annahme, daß solche Namen im Sinne der Warenzeichen- und Markenschutz-Gesetzgebung als frei zu betrachten wären und daher von jedermann benutzt werden dürften.

Zeichnungen: Jan Buchner
Umschlaggestaltung: Schrimpf und Partner, Wiesbaden
Satz: Satzstudio RESchulz, Dreieich-Buchschlag
Druck und Bindung: Wilhelm & Adam, Heusenstamm
Printed in Germany

ISBN 3-409-18736-7

Für Anja und Jan

Inhalt

1. Zum Buch

Dieses Buch habe ich für Sie geschrieben, weil Sie Ihre Probleme anpacken wollen und den Weg dazu suchen. Als ich vor etwa 25 Jahren zum ersten Mal den Erfolg des eleganten und einfachen Problemlösungsweges kennenlernte, habe ich mich gewundert, warum ich es nicht schon immer so gemacht habe. Ich bin Rainer Wetz, der mir damals in einem Seminar den „Problem-Lösungs-Prozeß" demonstrierte, dafür sehr dankbar. Später lernte ich durch das NLP (Neurolinguistisches Programmieren) weitere Verfeinerungen und entscheidende Verstärkungen kennen, wofür ich insbesondere Robert Dilts danke.

Mehrere tausend Menschen konnte ich bis heute begleiten, die ihre Probleme anpackten, lösten und ihr Ziel erreichten. Darunter waren einzelne Gruppen und Teams bis hin zu ganzen Organisationen mit mehreren hundert Leuten. Und obwohl inzwischen zahlreiche Bücher geschrieben und Tausende von Seminaren durchgeführt wurden, wissen immer noch viel zu wenige unter uns, wie sie ihre Kräfte und Fähigkeiten sparsam nutzen können, um endlich die vielen kleinen und großen Aufgaben zu lösen und ihre Ziele schneller und wirksamer zu erreichen.

Mit diesem Buch habe ich mir ein anspruchsvolles Ziel gesetzt: Es soll so kurz sein, daß Sie es an einem Abend lesen können, es soll aber auch alle Erfahrungen vermitteln, die ich in 25 Jahren gesammelt habe. Wenn Sie Ihre Probleme anpacken wollen, finden Sie in diesem Buch ein Rezept dafür vor, das schnell wirksam und praktisch ist. Dieses Rezept hat einen Namen, an dem sich die Vorgehensweise schon erkennen läßt: ZIAKA.

Das ZIAKA-Rezept

(Z) = Sie wählen und formulieren Ihr **Ziel** und Ihre Zielfrage.

(I) = Sie nutzen Ihre Kreativität und finden **Ideen**, Lösungen und Maßnahmen, wie Sie Ihr Ziel erreichen könnten.

(A) = Sie nutzen Ihre Wertmaßstäbe und positive Kritiker und treffen die für Sie richtige **Auswahl**.

(K) = Sie formulieren Ihre **Konzepte**, wie Sie Ihr Handeln steuern wollen.

(A) = Sie setzen Ihre Konzepte in **Aktionen** um.

2. Warum Sie immer wieder am Problem haften, und wie Sie sich lösen können

Wie kommt es, daß es Menschen zu geben scheint, die keine Probleme haben, und dann wieder andere, die offenbar vor lauter Problemen zusammenbrechen? Die Antwort ist verblüffend einfach. Die einen haben mehr davon, wenn sie ihre Probleme lösen und ihre Ziele erreichen. Die anderen dagegen haben mehr davon, Probleme zu besitzen. Warum sollten sie sonst all die Anstrengungen auf sich nehmen, immer wieder neue Probleme zu finden, die sich an die alten anschließen?

Nehmen wir Ernst (der Name ist, wie bei allen Beispielen, geändert). Ernst kam „voller" Probleme zum Einzelcoaching. Im Einzelcoaching helfen wir Personen, ihre persönlichen Ziele zu erreichen. Ernst kam an einem bewölkten Nachmittag, und ausgerechnet auf den 200 Metern zwischen dem Parkplatz und unserem Büro erwischte ihn ein Gewitterregen, der ihn völlig durchnäßte: „So ein Mistwetter, ich bin bis aufs Hemd naß", fluchte er, „warum so etwas immer nur mir passiert? Ich werde mich noch erkälten." Meine Frage, ob durch diese Feststellung sein Hemd trocknen würde, verblüffte ihn offenbar, er antwortete aber dann doch, „natürlich nicht". Er fügte hinzu: „Der Parkplatz könnte ja auch näher sein." Ernst machte alle Anstalten, sich in die Nähe eines leicht geöffneten Fensters zu setzen, um seine Befürchtung wahrzumachen, sich „seine Krankheit" zu holen. „Die Zugluft ist das, was mir gerade noch fehlt", klagte er. Das alles spielte sich in weniger als einer Minute ab und verriet doch schon eine ganze Menge davon, wie Ernst funktionierte, wie er nicht funktionierte, und warum er höchstwahrscheinlich bei uns war.

Er machte uns und das Wetter dafür verantwortlich, daß er durch den Regen laufen mußte (auf dem Weg durch den Park zu unserem Büro gibt es genügend große Bäume, um sich unterzustellen). Er machte sich zum einzigen „Nur-mir"-Märtyrer. Er verallgemeinerte sein Mißgeschick „immer", und er nahm „seine Krankheit" schon wahr, auf die er sich konzentriert hatte. Er gestaltete sich ständig neue Probleme. Deshalb mußten wir ihn an dieser Stelle fragen: „Was haben Sie eigentlich davon?"

Die Antwort kam prompt. Eine hilfreiche Sekretärin gab ihm mit einem trockenen „Winner's Edge"-Sweatshirt und einem heißen Kaffee mit einer Portion menschlicher Wärme, Zuwendung und tiefem Bedauern genau all das, was er sich als Haupttreffer eines verregneten Tages wünschte. Wir nennen das Sekundär-Gewinn von Problemen, von Schwierigkeiten und von Krankheiten, der mir wichtiger ist als der Preis in Form des nassen Hemdes, der Erkältung oder der Krankheit und was man sich sonst noch ausdenken kann. Für Ernst war es wichtig, Beachtung und Zuwendung zu bekommen, und dafür nahm er in Kauf, naß zu werden, setzte sich in die Zugluft und dachte sich auch schon die Krankheit aus, die ihm, wie sich später herausstellte, neue Zuwendung und Beachtung bringen würde. Dies war sein unbewußtes Programm, das in vielen Variationen, im Berufs- wie im Privatleben, bei ihm ablief.

Nichts ist umsonst: Jedes Verhalten hat eine Absicht, sei sie bewußt oder unbewußt. Wenn es schon so ist, können Sie sich das auch bewußt machen. Auch wenn Sie das, was Sie tun, nicht mögen, hat es für Sie eine Absicht: Rauchen hat eine Absicht bzw. einen Nutzen für Sie, sonst würden Sie es nicht tun! Es gibt Ihnen den Kick im Kopf, oder es entspannt Sie, oder es macht Sie sicher. Ein Problem, das Sie nicht lösen oder von dem Sie nicht loslassen wollen, hat eine Absicht für Sie. Was wäre, wenn Sie sich einmal bewußtmachten, welche Absicht Sie mit Ihren persönlichen Problemen verfolgen?

Praxis 1
Was habe ich davon, wenn ich ein Problem habe?

Praxis 1 hilft Ihnen dabei, diese Absichten herauszufinden. Nehmen Sie sich Zeit für diese Übung. Sie ist einfach, wenn Sie offen und ehrlich zu sich selbst sind. Sie werden sie nicht machen können, wenn Sie sich belügen. Also starten Sie den Versuch! Schreiben Sie die ersten spontanen Ideen dazu auf. Überprüfen Sie sie, indem Sie sich Alternativen überlegen. Hat Ihr Problem nur diese eine Absicht, oder steckt mehr dahinter? Sie werden bald herausfinden, was Sie von Ihren Problemen haben.

Was habe ich davon, wenn ich das Problem habe?

Problem:	Absicht:
1. Ich bin Opfer, ich bin naß geworden usw.	Ich bekomme Beachtung und Zuwendung durch andere.
2. Ich habe zu wenig Zeit.	Ich bin wichtig, ich verdiene viel Geld.
3. Ich kann nicht schlafen.	Mein Körper sagt mir, daß ich zuviel Streß habe, ich sollte mein „unfinished business" erledigen.
4. Ich bin häufig erkältet.	Mein Körper signalisiert mir, daß ich nicht gesund lebe, ich esse unbalanciert, ich hetze zu viel, mein Immunsystem will gestärkt werden.

Daniela:

Ein konkretes Beispiel wird uns den ganzen Weg lang begleiten. Die Vorgehensweise wird dadurch noch deutlicher. Daniela kam zu uns ins Coaching und klagte darüber, immer zu wenig Zeit zu haben. Sie konnte ihre vielseitigen Interessen nicht alle unter einen Hut bringen. Von dem Coaching erhoffte sie sich Klarheit über ihre Prioritäten, um ihre Zeit besser zu organisieren.

Problem:	Absicht:
Ich mache zuviel. Ich bin überlastet. Ich kann nicht nein sagen.	Ich will all meinen Interessen nachgehen. Ich möchte niemanden verletzen.

Was habe ich davon, wenn ich das Problem habe?

Und hier sind Sie dran, bitte notieren Sie! Meine Probleme:	Die (guten) Absichten, die dahinter stehen:
1.	
2.	
3.	
4.	
5.	

17

Vom Warum zum Wie

„Warum", fragte Ernst, „muß das immer nur mir passieren?" Die Antwort, die er sich selbst gibt, ist nicht, daß auch er etwas davon hat, sondern daß er Opfer aller möglicher Mißgeschicke ist. Er bringt sich selbst in seinen „Problemzustand", wenn er „warum" fragt, und man sieht es ihm an: Kopf und Schulter sind nach vorne gebeugt, er atmet tief ihm Bauch, und seine Augen blicken auf die Erde.

Stellen Sie auch häufig die Warum-Frage? Wenn Sie es tun, machen Sie sich bewußt, daß Sie sich mit „warum" in Richtung Vergangenheit, in das Problem, zur Ursache hin bewegen. Sie laufen Gefahr, wie Ernst, in einen „Problemzustand" zu geraten, in dem Sie sich nicht wohlfühlen. Und da Sie nicht glauben wollen, sich selbst in einen solchen Zustand gebracht zu haben, suchen Sie nach Rechtfertigungen: Andere sind schuld, daß man naß wurde, das Wetter, der Parkplatz, das Büro. Machen Sie sich einmal bewußt, was Sie sich mit der Warum-Frage antun, wenn Sie sich zum Opfer machen! Vielleicht ist Ihnen das schon längst klar geworden, aber Sie wissen nicht, wie Sie sich aus der Opferrolle heraushalten oder herausbringen sollen. Die Antwort ist einfach: Fragen Sie statt „WARUM?" einfach „WIE?", und berücksichtigen Sie dabei Ihre Absicht und Ihr Ziel.

„Warum muß das immer gerade mir passieren?"

„Wie kann ich trocken bleiben?"

Wie funktioniert das genau?

Ernst hatte sich zum Opfer des Regens gemacht und fragte sich, *warum* ihm das immer passieren *muß*. Ich fragte ihn: „ Wie hätten Sie trocken bleiben können?" und erreichte damit zweierlei: Erstens durchbrach ich seine „Gesetzmäßigkeit", daß so etwas immer passieren muß, und zweitens wurde er gewahr, daß er etwas dagegen hätte tun können. Seiner Antwort: „Ich hätte im Auto sitzen bleiben und warten können", folgte allerdings sofort die Rechtfertigung: „aber dann wäre ich zu spät gekommen." Nach genauerer Kenntnis der Geschichte von Ernst sei es mir erlaubt, diesen Satz gedanklich fortzusetzen: „...und ich hätte dann keine Zuwendung und Beachtung bekommen."

Ernst kam zum Einzelcoaching, weil er in seiner Firma nicht die Beförderung (= Anerkennung, Beachtung) bekam, die er aufgrund seiner Fähigkeiten erwartete. Man nannte ihn „S.A.", was für Schwachstellen-Analytiker stand. Nicht, daß ihn das kränkte, denn er sah sich als Schutzinstanz all dessen, was schiefgehen konnte. Dadurch genoß er auch Anerkennung, denn er galt als derjenige, dem es gelang, die Risiken, Schwachstellen und Gegenargumente von Entscheidungen und Handlungen aufzudecken. Weil er sich darauf konzentrierte, stand er sich damit aber gleichzeitig im Weg, da er vor lauter Problemen ziemlich wenig selber tat.

Das eigentliche Ziel – die hinter seinem Verhalten liegende positive Absicht – war also nicht, seine konkrekten Probleme zu lösen, sondern seine Anerkennung zu bekommen. Die Fragen:

„*Warum* bin ich nicht befördert worden?", „*Warum* habe ich diese Anerkennung nicht bekommen?", verändern wir in: „*Wie* kann ich befördert werden?" „*Wie* kann ich diese Anerkennung, befördert zu werden, erreichen?"

Oder, um es noch deutlicher zu machen:

„Was kann ich tun, um anerkannt zu werden, ohne die Kollegen mit Schwachstellen, Gegenargumenten und ähnlichem zu nerven?"

Für Ernst waren diese Fragen nicht sofort einsichtig, als er sie aber begriffen hatte, brach es aus ihm heraus. In weniger als zehn Minuten hatte er über 20 Möglichkeiten und Ideen, die sich, als Konzepte formuliert, zum Beispiel so anhörten und zum Teil sehr detailliert und spezifisch waren:

– Ich kann, statt die Schwächen aufzudecken, gleich die Lösung formulieren.
– Ich kann meine Kollegen für ihre Ideen loben und diese Ideen verbessern.
– Ich kann die Entscheidungen verbessern, statt sie zu kritisieren.

Die Wie-Frage transformiert Ihr Denken in die Zukunft, sie fordert Ihnen Lösungen ab, und sie fokussiert Sie auf Handlungen. Indem Sie Antworten finden, kommen Sie aus der Opferrolle heraus. Sie werden zum Akteur.

Mißverstehen Sie mich nicht! Ich will die Warum-Frage auf gar keinen Fall verteufeln. Ein Warum ist weder gut noch schlecht, noch falsch oder richtig. Das gleiche trifft auch auf die Wie-Frage zu. Ich will Sie nur darauf aufmerksam machen, daß beide Fragen unterschiedliche Resultate bringen und nach verschiedenen Antworten verlangen.

Vom *Warum* zum *Wie*	
Die Warum-Frage *führt:*	**Die Wie-Frage** *führt:*

➪ in die Vergangenheit
 ➪ in das Problem
 ➪ zur Schwachstelle und
     zum Negativen
 ➪ zur Vermeidung und
     zum Nicht-Tun
	➪ in die Zukunft
	 ➪ zur Lösung
	 ➪ zum Positiven
	 ➪ zur Motivation und
	     zum Handeln

oft	**oft**
zur Schuldzuweisung und zur Rechtfertigung und zu dem Gefühl ⇧ **Opfer zu sein**	zu Verantwortung und zu dem Gefühl ⇧ **Akteur zu sein**

Praxis 2
Wie verwandle ich das Problem in eine Zielfrage?

Gehen Sie jetzt über zu Praxis 2. Benutzen Sie die Ergebnisse aus Praxis 1 („die gute Absicht"), und formulieren Sie nun mit Hilfe der Wie-Frage Ihr Ziel.

Vielleicht haben Sie schon den Unterschied gemerkt: Durch die Wie-Frage nehmen Sie etwas völlig anderes wahr als durch die Warum-Frage. Die Wie-Frage zwingt Sie zu einer neuen Auswahl, zu einem neuen Fokus: auf die Lösung (und damit weg vom Problem), in die Zukunft (und damit weg von der Vergangenheit, weg vom Leiden), hin zum Handeln.

Unser Gehirn funktioniert nun mal so: Nur worauf wir uns fokussieren, was wir wahrnehmen, das können wir auch erreichen. Wenn Sie Ihr Problem loswerden wollen, dann fragen Sie sich: Was will ich statt dessen? Was genau ist mein Ziel?

Wenn Sie immer wieder fragen, warum Sie ein Problem haben, werden Sie das Problem nicht los, denn Sie drehen sich nur im Kreis. Sie setzen Ihre Kräfte, Fähigkeiten und Energie dafür ein, das Problem zu verstehen. Aber glauben Sie, man muß ein Problem nicht verstehen, um es zu lösen. Lassen Sie sich das nicht weismachen! Um nicht mehr zu rauchen, müssen Sie nicht verstehen, warum Sie nicht aufhören können zu rauchen. Sie müssen aber wissen, was Sie statt des Rauchens wollen, und wie Sie es in die Tat umsetzen können!

Wie verwandle ich das Problem in eine Zielfrage?

Ernst:

Absicht/Ziel	Wie-Frage (positiv!)
1. Beachtung, Zuwendung	Wie bekomme ich am besten Beachtung und Zuwendung durch andere (z. B. ohne naß zu werden, zu kritisieren etc.)
2. Viel Geld verdienen, wichtig sein	Wie kann ich mit möglichst wenig Zeitaufwand viel Geld verdienen?
3. „Unfinished business" erledigen, Streß abbauen	Wie kann ich mein „unfinished business" erledigen (gut schlafen)?
4. (Körpersignal für) gesünderen Genußwandel, um Immunsystem fit zu haben.	Wie kann ich mein Immunsystem am besten fit machen?

Daniela:

Absicht/Ziel	Wie-Frage (positiv!)
1. Ja oder nein sagen 2. Nein sagen können	Wie kann ich wissen, wann ich ja und wann ich nein sage? Wie kann ich besser nein sagen? Wie kann ich nein sagen, ohne den anderen zu verletzen? Wie kann ich nein sagen, daß andere sich dabei gut fühlen?

Wie verwandle ich das Problem in eine Zielfrage?

**Und hier sind Sie dran (benutzen Sie Ihre Probleme
aus Praxis 1):**

Absicht/Ziel	Wie-Frage (positiv!)
1.	
2.	
3.	
4.	
5.	

3. Wie Sie sich Ihre Ziele (Z) schaffen

Wollten Sie auch schon mal „abnehmen"? Oder wollten Sie das Rauchen „aufgeben"? Oder weniger Schokolade essen, weniger Bier trinken, weniger fernsehen?

Manche Eltern wollen nicht mehr so aggressiv zu ihren Kindern sein. Mancher Vater will nicht mehr so lange abends arbeiten, und manche Mutter will sich nicht mehr soviel aufregen.

Obwohl sie scheinbar das gleiche Ziel haben, kann es passieren, daß der eine abnimmt und sein Gewicht hält, der andere abnimmt und wieder zunimmt, und der dritte erst gar nicht abnimmt. Wie kommt es, daß der Vater am ersten Abend, an dem er nicht mehr so lange arbeiten will, seine Tasche voller Akten mit nach Hause nimmt und schon auf dem Heimweg einen Plan macht, wie und wann er das am besten erledigen kann? Und was passiert mit Ihrem Gehirn, wenn Sie sich immer wieder „befehlen", keine Schokolade mehr zu essen und trotzdem das Bild der kaffeebraunen, großen Tafel Schokolade vor Ihrem geistigen Auge größer und größer wird und die Gier danach auch?

Irgend etwas scheint verrückt zu spielen; wir etikettieren Schwächen, Inkonsequenzen, Zwanghaftigkeiten oder ähnliches und rechtfertigen damit gelegentlich, wenn etwas schiefgeht. Wir beginnen zu glauben, wir seien nicht Herr unseres Verhaltens, also sind wir Opfer unserer Schwächen. Und doch ist alles logisch, einfach und zwangsläufig, aber nicht zwanghaft.

Wichtig ist, daß Sie ein Ziel so formulieren, daß es von Ihnen auch erreicht werden kann. Gehen Sie dabei Schritt für Schritt vor. Sie tun im Grunde nichts anderes, als wenn Sie sich beispielsweise überlegen, nach Hause zu fahren oder lieber etwas anderes zu unternehmen.

Als erstes prüfen Sie, ob das Ziel, der Wunsch, das Ergebnis, das Sie erreichen wollen, überhaupt wichtig für Sie ist. Wenn Sie abends nach Hause fahren wollen, gleichzeitig zum Tennis möchten, aber auch noch im Büro etwas zu erledigen haben, dann wissen Sie, daß Sie sich für eins von diesen drei Zielen entscheiden müssen: Büro, Tennisplatz oder Haus. Alles gleichzeitig zu tun funktioniert nicht.

Es gibt verschiedene Möglichkeiten, den „Knoten" zu lösen.

– Sie können Ihre Pläne in eine zeitliche Reihenfolge bringen: erst Büro, dann Tennis, dann nach Hause. Sie können auf Büro und Tennis verzichten und gleich nach Hause fahren usw.

Ohne eine solche Entscheidung werden Sie nicht nach Hause kommen. Und genau das ist die erste Falle, in die wir immer wieder hineintappen. Wir wollen zu viel gleichzeitig: Wer alles will, wird nichts erreichen.

Praxis 3
Meine Wünsche, Wunschziele, Träume.
Was ist wirklich wichtig für mich?

Also machen Sie sich die Mühe, Ihre Wünsche zu ordnen, wobei Sie sich auf das Wichtigste konzentrieren. Aber seien Sie offen und ehrlich zu sich: Nicht, was andere Ihnen einreden, ist wichtig für Sie: Hören Sie in sich hinein! Dazu machen Sie die Praxis 3. Sie werden alle Ihre offenen und geheimen Wünsche auflisten, ohne Kritik, ohne Hemmungen. Und daraus werden Sie die wichtigsten aussuchen. Wählen Sie nicht die ferne Zukunft. Wählen Sie die drei Ziele, die Sie in den nächsten zwölf Monaten erreichen wollen.

Praxis 3/Beispiele

Meine Wünsche, Wunschziele, Träume: Was ist wirklich wichtig für mich?

Ich habe das Ziel, den Wunsch, ich will das Problem loswerden.	in 12 Mona-ten	in 2 bis 3 Jahren	nach 3 bis 4 oder mehr Jahren	die 3 wichtig-sten Ziele
1. Ich will 15 Kilo abnehmen.		X		–
2. Ich möchte nachts durchschlafen.	X			1
3. Ich will ein neues Haus.			X	–
4. Ich will mehr Anerken-nung in meinem Beruf.	X			2
5. usw. ca. 10–20 Ziele:				

Daniela:

Ich habe das Ziel, den Wunsch, ich will das Problem loswerden.	in 12 Mona-ten	in 2 bis 3 Jahren	nach 3 bis 4 oder mehr Jahren	die 3 wichtig-sten Ziele
Ich will mich gut fühlen, wenn ich nein sage.	X			

Meine Wünsche, Wunschziele, Träume:
Was ist wirklich wichtig für mich?

Hier ist Ihre Aufgabe

Meine Ziele, Wünsche, Träume: Listen Sie so viele auf, wie Ihnen einfallen.	erreich-bar in 12 Mona-ten	erreich-bar in 2 bis 3 Jahren	erreichbar nach 3 bis 4 oder mehr Jahren	die 3 wichtig-sten Ziele

Molly, 32, Abteilungsleiterin in einem Forschungslabor, hatte Probleme mit ihrem Gewicht. Ihre Schmerzgrenze lag bei 100 Kilo. Lag sie darüber, war es für sie wichtig abzunehmen. Hatte sie ein Gewicht unter 100 Kilo, waren ihr offenbar andere Ziele wichtiger.

Molly hatte schon mehrfach ihr Ziel, 15 Kilo abzunehmen, erreicht, aber sie nahm danach immer wieder schnell zu. Wie sollte es auch anders sein? Nachdem sie abgenommen hatte, war ihr Ziel erfolgreich erreicht. Damit hatte es aber auch keine Bedeutung mehr für sie, es war „erledigt". Es verschwand aus ihrem Fokus, die 15 Kilo waren weg, verschwunden, nicht mehr wahrnehmbar. Doch noch während sie ihren Bekannten stolz erzählte, sie habe 15 Kilo abgenommen, war sie schon wieder auf dem Weg zuzunehmen.

Und das war genau das Problem, mit dem Molly zu uns kam. Sie fragte sich: „Warum unterwerfe ich mich nur all diesen Entbehrungen, um für kurze Zeit 15 Kilo abzunehmen?" Die Antwort ist verblüffend einfach: Weil genau das ihr Ziel war. Ihr Körper, ihr Unterbewußtsein reagierte exakt auf das, was sie formuliert hatte: Ich will 15 Kilo abnehmen. Mehr hatte sie in ihrer Zielsetzung nicht gefordert. Und mehr erzielte sie auch nicht.

Molly bemühte sich verzweifelt, ihr Ziel, „weg von 15 Kilo Übergewicht", wahrzunehmen. Es gelang ihr nicht. Und es wird auch Ihnen nicht gelingen. Denn das, was Sie *nicht wollen*, nehmen Sie auch nicht wahr:

Ihre Sinne können nicht das „Nicht-Rauchen" oder das verlorene Gewicht sehen, hören, fühlen oder schmecken. Und Ziele, die Sie nicht mit Ihren Sinnen wahrnehmen können, können Sie auch nicht erreichen. Wenn Sie abends vergessen haben, wie Ihr Haus und die Straße dorthin aussehen, werden Sie nicht dort ankommen.

Um nach Hause zu kommen, machen Sie sich ein inneres Bild von Ihrem Ziel und dem Weg, und solange dieses innere Vorstellungsbild mit Ihrer äußeren Wahrnehmung übereinstimmt, wissen Sie, daß Sie auf dem richtigen Weg sind, und so erreichen Sie Ihr Ziel.

S Schaffen Sie sich immer eine Sinneswahrnehmung (S) von Ihrem Ziel.

Worauf fokussieren Sie sich, wenn Sie nicht mehr rauchen wollen? Natürlich aufs Rauchen. Ihr Gehirn nimmt „rauchen" wahr, Ihr Fokus wird „rauchen". Woran glauben Sie, werden Raucher sonst erinnert, wenn sie sich immer wieder den unterbewußten Befehl geben, (nicht) zu rauchen? Die Formulierung von Vermeidungen führt weg von etwas, ohne zu wissen, wohin. Solange Sie weg von etwas (z. B. Übergewicht) wollen, wissen Sie nicht, wo Sie eigentlich hinwollen. 15 Kilo abzunehmen ist weg von 15 Kilo. Schlank zu sein oder 85 Kilo zu wiegen ist ein ganz anderes Ziel.

P Formulieren Sie Ihre Ziele immer positiv (P). Sie wollen abends nicht weg vom Büro, sondern Sie wollen hin zu Ihrem Haus!

Nur wenn Sie wissen, wie Ihr Ziel aussieht, sich anhört, schmeckt, riecht oder sich anfühlt, wissen Sie auch, ob Sie auf dem richtigen Weg sind. Um zu überprüfen, ob Sie angekommen sind, stellen Sie sich die Testfrage: Wie weiß ich, daß ich das Ziel erreicht habe? Was sehe, höre, fühle, schmecke, rieche ich? Stimmt das mit der sinnlichen Vorstellung von meinem Ziel überein?

Wenn Sie Ihr Ziel sinnlich (S) repräsentiert und positiv (P) formuliert haben, prüfen Sie, ob Sie es eigenständig (E), d.h. ohne fremde Hilfe, erreichen können.

Wenn Sie wie Ernst Beachtung und Anerkennung durch andere zu Ihrem Ziel machen, sind Sie abhängig von anderen. Höchstwahrscheinlich werden Sie den anderen die Schuld geben, wenn sie Ihnen die Anerkennung nicht gewähren. Sie hätten dann zwar einen Schuldigen und eine Rechtfertigung, aber Ihr Ziel nicht erreicht. Für Ernst war es daher wichtig, daß er sein Ziel zunächst einmal darauf beschränkte, sich selbst zu (be-)achten und anzuerkennen, bevor er sich so zu verhalten lernte, daß er die Chance erhöhte, auch von anderen anerkannt zu werden. Sein Ziel war also, sein Verhalten in bestimmter Weise zu ändern und nicht die Einstellung anderer zu ihm zu beeinflussen.

E Wenn Sie also die Verantwortung für Ihre Ziele übernehmen wollen, dann sorgen Sie dafür, daß jedes Ziel von Ihnen auch eigenständig (E), aus eigener Kraft, ohne fremde Hilfe erreicht werden kann.

Ist das nicht der Fall, formulieren Sie es um, denn sonst haben Sie den Grund, warum Sie das Ziel nicht erreichen, schon mit eingebaut.

Für Molly war es kein Problem, ohne fremde Hilfe abzunehmen. Sie setzte sich dabei einen zeitlichen Rahmen in Form eines festen Termins von etwa drei Monaten. Dieser Termin wurde von ihr exakt eingehalten. Danach allerdings nahm sie wieder zu. Sie hatte den Zusammenhang (Z) zeitlich genau formuliert und hielt sich auch daran. Doch das, was danach passierte, war nicht mehr Inhalt ihrer Zielsetzung und somit von ihr nicht kontrollierbar. Nur war ihr das nicht bewußt.

Machen Sie sich deshalb immer bewußt, in welchem Zusammenhang (Z) das Ziel gelten und erreicht werden soll: Sie werden Zeit (bis wann), Raum (wo), Personen (mit wem) usw. bestimmen,

34

denn der Rahmen, in dem Sie Ihr Ziel definieren, ist Teil des Zieles.

Für Ernst bedeutete es einen völlig anderen personellen Rahmen, von sich selbst anerkannt zu werden statt von anderen. Für Molly war es ein neuer zeitlicher Zusammenhang, auf Dauer, d.h. mindestens ein paare Jahre, 85 Kilo zu wiegen. Manchem gelingt es, seine persönlichen Ziele und Praktiken universell, d.h. in seiner Familie und bei seinen Freunden, anzuwenden. Doch können Beziehungen daran auch zerbrechen. Ich sage nicht, daß Ziele nicht universell gültig sein können, ich sage nur: Machen Sie sich diesen Punkt klar.

Z Formulieren Sie immer den Zusammenhang (Z), in dem die Ziele gelten und in dem sie nicht gelten sollen.

Immer wenn Sie etwas „nicht" mehr wollen, wie z. B. rauchen, zu viel essen, andere Personen runtermachen, und es trotzdem tun, können Sie davon ausgehen, daß Ihr Verhalten für Sie einen Nutzen, eine gute Absicht, eine Intention (I) hat. Das Rauchen gibt z. B. Sicherheit in bestimmten sozialen Situationen, zu viel Essen kann beruhigen und andere runterzumachen kann mich selbst hervorheben.

Für Molly beispielsweise bedeutete Übergewicht Schutz vor „zu viel" männlicher Zudringlichkeit, denn hätte sie Idealgewicht gehabt, wäre sie sehr attraktiv gewesen. Sich auf andere Art vor Männern zu schützen, war ihr noch nicht in den Sinn gekommen; konnte es auch nicht, denn sie war sich dessen nicht bewußt. Erst als sie ihre Intention (I) klar erkannt hatte, konnte sie auch verstehen, daß ihr Ziel „abzunehmen" durch die Absicht, sich vor Männern zu schützen, ständig ausgebremst wurde. Vielleicht war das auch der Grund, warum sie nur 15 Kilo, nicht aber die zum

Normalgewicht notwendigen 35 Kilo abnehmen wollte. Erst als sie diese Absicht auf andere Art gewahrt wußte und sie in die Zielsetzung einbauen, integrieren konnte, war sie bereit, schlank zu werden. Ihr Ziel war nun, unter 70 Kilo zu kommen!

I   Jedes Ziel, das Sie sich setzen, muß die guten Absichten Ihres bisherigen Verhaltens, die „Intention" (I), erhalten und integrieren.

Stellen Sie sich also immer die Frage, ob Sie irgendwelche Einwände gegen das Ziel verspüren. Klären Sie die guten Absichten dieser Einwände und bauen Sie diese „Intentionen" in die Formulierung Ihres Zieles ein. Sie werden diese Intentionen nicht aufgeben, denn sonst liegen sie Ihnen ständig im Ohr, produzieren Widerstände und hindern Sie daran, Ihr Ziel zu erreichen.

Um Ihre Ziele so zu formulieren, daß Sie ziemlich sicher sein können, sie auch zu erreichen, können Sie die SPEZI-Formel als Hilfe benutzen.

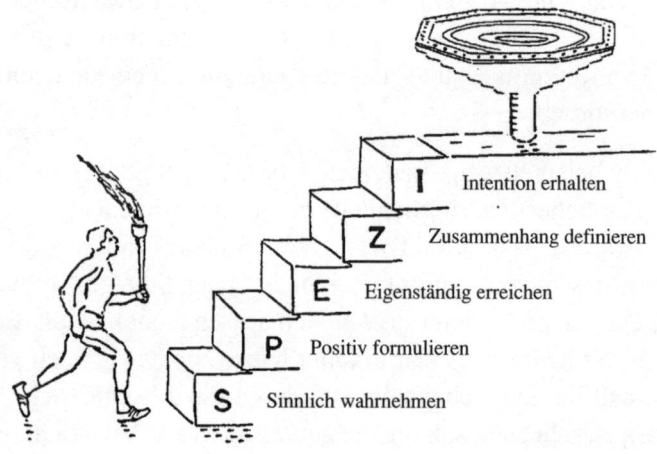

I — Intention erhalten
Z — Zusammenhang definieren
E — Eigenständig erreichen
P — Positiv formulieren
S — Sinnlich wahrnehmen

Praxis 4
So formulieren Sie Ihre Ziele erfolgreich

Wenden Sie diese Aspekte an, um Ihr persönliches Ziel erfolg-versprechend auszudrücken.

Die SPEZI-Formel wird Sie solange begleiten, bis Sie Ihr Ziel erreicht haben.

Formulieren Sie nun in Praxis 4 die drei für Sie wichtigsten Ziele. Als Grundlage dienen die in Praxis 3 von Ihnen benannten primären Ziele für die nächsten zwölf Monate.

So formulieren Sie Ihre Ziele erfolgreich

Ziel 1
Sinnlich
Positiv
Eigeninitiativ
Zusammenhang
Integration von
 Einwänden

Ich möchte 75 Kilo wiegen,
mich fit und leicht fühlen
und das auf der Waage
schwarz auf weiß sehen.
Und ich möchte mit Genuß
essen.

Wie kann ich mit Genuß essen und 75 Kilo Gewicht
erreichen?

Ziel 2
Sinnlich
Positiv
Eigeninitiativ
Zusammenhang
Integration von
 Einwänden

Ich will ein neues, größeres
Haus in der Nähe der Stadt
und doch auf dem Land,
dessen monatliche Hypo-
theken-Leistungen auf
1800 DM begrenzt sind.

Wie kann ich für eine monatliche Belastung von 1800 DM
ein Haus auf dem Land bekommen, das in Stadtnähe liegt?

Ziel 3
Sinnlich
Positiv
Eigeninitiativ
Zusammenhang
Integration von
 Einwänden

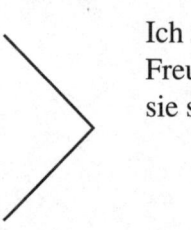

Ich möchte zu meinen
Freunden nein sagen, so daß
sie sich gut dabei fühlen.

Wie kann ich am besten nein sagen, so daß sich die anderen
dabei gut fühlen?

So formulieren Sie Ihre Ziele erfolgreich

Ziel 1
Sinnlich
Positiv
Eigeninitiativ
Zusammenhang
Integration von
 Einwänden

Wie

Ziel 2
Sinnlich
Positiv
Eigeninitiativ
Zusammenhang
Integration von
 Einwänden

Wie

Ziel 3
Sinnlich
Positiv
Eigeninitiativ
Zusammenhang
Integration von
 Einwänden

Wie

Zusammenfassung
Wie formuliere ich erfolgreich meine Ziele?

1. Schreiben Sie alle Wünsche auf, die Sie haben, Ziele, von denen Sie träumen (ohne Kritik).

2. Sortieren Sie Ihre Ziele nach kurzfristig (ein Jahr), mittelfristig (drei Jahre), langfristig (mehr als drei Jahre). Wenn Sie nur Ziele für eine Kategorie haben, überlegen Sie, ob Sie nicht Ihre Zeitspektive verändern können (eventuell langfristige Ziele in Nahziele ändern).

3. Definieren Sie die drei Ziele für die nächsten zwölf Monate, die Ihnen am wichtigsten sind.

4. Formulieren Sie diese drei Ziele nach den SPEZI-Bedingungen.

5. Schreiben Sie möglichst detailliert auf, was Sie gewinnen, wenn Sie das Ziel erreicht haben, was es Ihnen bedeutet, welche Vorteile Sie haben.

6. Schreiben Sie möglichst detailliert auf, was Sie verlieren könnten, wenn Sie das Ziel nicht erreichen, bzw. was Ihnen durch die „Lappen" geht.

7. Schreiben Sie für jedes Ziel auf, was Sie schon dafür getan haben und welche Ressourcen Sie noch brauchen, um das Ziel zu erreichen. Erinnern Sie sich an solche Situationen, in denen Sie die Ressourcen zur Verfügung hatten. Meist fangen Sie nicht bei Null an!

8. Machen Sie aus Ihrem Ziel eine Zielfrage. „Wie" erreiche ich das Ziel X am besten? Was muß ich tun, damit ich das Ziel X erreiche?

Wie Sie Ihre Fähigkeiten freisetzen

4. Wie Sie Ihre Fähigkeiten freisetzen

Wenn Sie Ihre Ziele formuliert haben, werden Sie Ihre Fähigkeiten einsetzen, um sie zu erreichen. Sie wissen, wie es aussieht oder sich anfühlt, wenn Sie Ihr Ziel erreicht haben, und solange sich diese sinnliche „Repräsentation" des Zieles nicht einstellt, wissen Sie, daß Sie noch etwas tun müssen. Solange Sie Ihr Haus nicht wirklich sehen und es vergleichen können mit dem inneren Vorstellungsbild Ihres Hauses, wissen Sie, daß Sie noch nicht zu Hause sind:

Um nach Hause zu kommen, brauchen Sie

1. eine klare Vorstellung, was Sie tun, um nach Hause zu gelangen,
2. die Strategien, wie Sie es tun, in Form des Verkehrsmittels (z. B. Auto mit Benzin, Führerschein) und
3. das Programm, wie Sie den Weg nehmen (z. B. in Form der Suche nach dem kürzesten Weg oder in Anwendung Ihrer gespeicherten Erfahrungen).

Alles das nennen wir „Ressourcen". Um zum Ziel zu gelangen, müssen Sie also Ihre Ressourcen, Ihre Kräfte, Ihre Energie und Ihre Fähigkeit einsetzen. Je besser und erfolgreicher Sie diese hinter Ihr Ziel packen, um so schneller, sicherer und leichter werden Sie es erreichen.

Leider gibt es immer wieder Beispiele, wie Menschen Ressourcen, die Sie haben, nicht einsetzen, weil sie sich blockieren, weil sie ihre Ressourcen nicht kennen oder wenn sie sie kennen, nicht auf neue Ziele übertragen können.

In einem meiner Workshops sagte ein Arzt, er stehe vor einem Berg von Arbeit, den er nicht überwinden könne. So etwas habe er noch nie erlebt. Seine Schilderung erinnerte mich an Berichte von Marathonläufern. Zwischen dem 30. und 35. Kilometer sehen sie sich vor einer Wand, durch die kein Durchkommen zu sein scheint. Als ich ihm davon erzählte, antwortete er überrascht: „Aber ich bin Marathonläufer." Er kannte die Wand, und er hatte sie in Gedanken immer wieder durchbrochen. Ich ließ ihn genau die Bewegung ausführen, mit der er die Wand überwindet. „Das fängt im Kopf an, und dann geht es irgendwie." Diese Strategie des „Irgendwie" hatte er gespeichert und war ihm als Ressource verfügbar.

Er glaubte nicht nur, daß er die Wand durchbrechen könnte („es fängt im Kopf an"), er wußte auch wie. Doch war er bisher nicht auf die Idee gekommen, dieses Programm auch auf den Berg Arbeit, durch die angeblich kein Durchkommen war, anzuwenden. Als er im Workshop lernte, diese Fähigkeit auf den Berg Arbeit zu übertragen, hatte er sein Problem gelöst und sein Ziel erreicht. Er sagte mir sechs Monate später: „Der Berg ist weg, und es ist etwas sehr Interessantes passiert: Die Wand im Marathon ist auch weg."

Das ist übrigens eine logische Konsequenz: Wenn er lernt, den Berg zu überwinden, lernt er gleichzeitig, die Wand zu durchbrechen.

Auch Sie haben Ressourcen. Sie brauchen dazu kein Marathonläufer zu sein. Sie haben sich vielleicht für Ihre Kinder eingesetzt oder für andere Menschen. Sie haben Dinge getan, die Sie im nachhinein mit Stolz erfüllen. Sie haben Situationen erlebt, in denen Sie nur so vor Ideen sprudelten, und andere, in denen Sie Ihre Handlungen genau einschätzen konnten, genau wußten, was gut für Sie war. Und Sie haben manch eine Sache erfolgreich zu Ende gebracht. Sie wußten es zu tun. Sie wußten, wie Sie es machen wollten, und Sie taten es!

Vielleicht sind all diese Fähigkeiten nur noch schwach in Ihrer Erinnerung, aber glauben Sie, sie sind in Ihrem Gehirn, im Nervensystem, in Ihrem Körper gespeichert. Sie werden wieder Zugang zu Ihren Ressourcen und Fähigkeiten finden, wenn Sie die Praktiken sorgfältig ausführen.

Um die drei von Ihnen formulierten Ziele zu erreichen, brauchen Sie zunächst den Glauben daran, daß Sie das können. Wenn Sie irgendeinen Zweifel haben, dann können Sie sicher sein, daß dieser Zweifel an Ihrem Ziel nagen wird. Gehen Sie einfach von der Wahrheit aus, daß Sie das Ziel auch erreichen können, wenn ein anderer es erreicht hat. Ihr Glaube versetzt Berge, und je unerschütterlicher er ist, um so größere Berge wird er versetzen. Wir kennen genügend Beispiele von Extremsituationen, in denen Menschen, die den festen Glauben an ihr Ziel hatten, dieses auch erreichten. Der amerikanische Krebsarzt Simonton berichtet über bessere Erfolge bei Krebskranken, die an ihre Gesundung glaubten, im Unterschied zu solchen, die nicht daran glaubten.

Sie können den Glauben an Ihre Ziele überprüfen, indem Sie die drei Fragen beantworten:

– Habe ich eine Chance?
– Will ich?
– Weiß ich, wie ich das Ziel erreiche, oder kann ich es herausfinden?

Wenn Sie diese Fragen ehrlich bejahen können, wird Sie niemand mehr daran hindern, Ihren Weg zum Ziel zu gehen!

Sie werden dafür drei Ressourcen besonders aktivieren, die Ihnen diesen Weg leichter machen:

1. Ihre Fähigkeit, Ideen zu entwickeln.
2. Ihre Fähigkeit, den richtigen Weg auszuwählen, richtig zu bewerten.
3. Ihre Fähigkeit, das Notwendige zu tun, es anzupacken und Schritt für Schritt umzusetzen.

Von Walt Disney, dem Erfinder der Mickymaus, dem härtesten Kritiker seiner eigenen Filme und realistischen Erfolgsmanager, haben wir das Modell übernommen, wie Sie Ihre Ressourcen am besten organisieren. Disney hat im Unterschied zu vielen von uns diese Fähigkeiten getrennt voneinander (also nicht zur gleichen Zeit oder am gleichen Ort) eingesetzt.

Kreativitäts-
Ressource

Wenn er Ideen brauchte und entwickeln wollte, war er kreativ, er war Träumer und konnte andere motivieren, ebenfalls Ideen zu entwickeln. In dieser Rolle wollte er nicht kritisieren oder bewerten, denn es war ihm bewußt, daß er dadurch seine eigene kreative Fähigkeit blockiert hätte.

Kritiker-
Ressource

Mußte er kritisieren, um die Leistung und Qualität seiner Filme einzuschätzen, tat er das zu einer anderen Zeit und an einem anderen Ort, aber dann war er nur Kritiker, und zwar der härteste, den er sich für seine Filme wünschte.

Macher-
Ressource

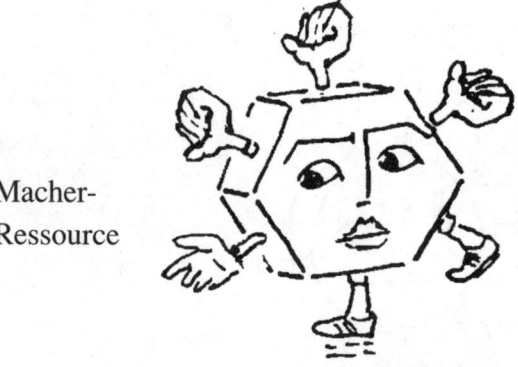

Um seine Ideen umzusetzen, um das zu tun, was er gut fand, zerlegte er seine großen Schritte und Visionen in kleinere. Er entwarf einen Handlungsplan und -ablauf und setzte ihn um. Der Macher Disney hatte mit dem Träumer Disney oder dem Kritiker Disney wenig gemeinsam.

Seine Denkweisen unterschieden sich, seine sinnlichen Wahrnehmungen und seine Physiologie, seine inneren Zustände waren jeweils andere. Als Träumer hatte er Bilder als visuelle Wahrnehmungen. Als Kritiker hörte er auf seine innere Stimme, einen Dialog, der ihm sagte, was gut oder nicht gut war. Als Realist dachte er in vielen kleinen Schritten, die „körperlich" vollzogen wurden.

Sie kennen Menschen, die viele Ideen haben, aber – wie es heißt – nicht damit zu Potte kommen. Sie kennen andere, die oft sehr genau und hilfreich kritisieren, aber selbst nur wenig Ideen haben. Und Sie kennen solche, die handeln, die nicht lange überlegen und deshalb manchmal nicht die beste Idee verwirklichen.

46

Bei solchen Menschen sind einzelne Fähigkeiten stärker ausgeprägt als andere. Aber fragen Sie sich selbst:

– Sind Menschen, die viele Ideen haben, nützlich?
– Sind andere, die die Ideen und Handlungen bewerten können, nützlich?
– Und sind Menschen, die die Ideen umsetzen, die etwas tun, ebenfalls nützlich?

Vielleicht ordnen Sie sich selbst einer dieser Gruppen zu. Bin ich eher ein Kreativer, ein Kritiker oder ein Macher? Was trifft für Sie zu? Vielleicht können Sie auch alle drei Dinge gut, wie Disney, oder auch nur zwei davon.

Träumer   Kritiker   Macher

Um Ihre Probleme zu lösen und Ihre Ziele zu erreichen, wollen Sie aber über alle drei Ressourcen verfügen. Es nützt nichts, Ideen zu haben, wenn Sie diese nicht mit Ihrem Wertesystem abgleichen oder umsetzen können. Es nützt nichts, wenn Sie Ideen als nicht gut oder riskant bewerten, aber keine neuen entwickeln können, die Sie zum Ziel bringen. Und es nützt auch nichts, ideenlos und gegen Ihr eigenes Gewissen zu handeln.

In den nächsten drei Schritten werden Sie erfahren, wie Sie diese drei Ressourcen freisetzen, verstärken und nutzen können.

5. Wie Sie Ihre Kreativität einsetzen, Ideen (I) und Lösungen finden

Zuerst werden Sie sich bewußt machen, daß Sie, wie jeder andere auch, Ideen haben und Lösungen finden können. Jeder von uns hat kreatives Potential, wir nutzen es nur unterschiedlich.

Ida, die Leiterin einer Qualitätskontrolle, kam zu uns mit der Frage, ob sie je Phantasie entwickeln könne, um aus ihren Kenntnissen, die sie im Studium und in acht Jahren Praxis erworben hatte, mehr machen zu können.

Man hatte ihr gesagt, sie habe zuwenig Ideen, um die Aufgabe der Leitung „TQM" (Total Quality Management) zu übernehmen: Was könne sie da tun?

Zunächst einmal fragten wir sie, ob sie drei Menschen kenne, die ihrer Meinung nach kreativ wären, Phantasie und Ideen hätten. Sie konnte leicht drei Namen nennen und hatte auch beobachtet, wie diese drei sich verhielten, wenn sie ihre Ideen produzierten: Alle drei standen z. B. auf und wanderten herum. Einer stellte die Füße nach außen und watschelte eher, als daß er ging, mit hocherhobenem Kopf. Der zweite bewegte sich weniger schnell, änderte aber seine Bewegung ruckartig, wenn ihm ein Geistesblitz zu kommen schien. Auch der dritte war ständig in Bewegung, er bastelte an Sachen herum, die er unter die Decke gehängt hatte, was Ida ziemlich lächerlich fand. Der eine war Vorstand, der zweite Berater, der dritte Ingenieur.

Wir baten Ida, körperlich vorzuführen und zu erleben, was sie bei den drei Personen sehr genau beobachtet hatte. Dadurch lernte sie, sich besser in sie hineinzuversetzen. Wir nutzten die drei Kreativen als Mentoren für Ida: Welchen Rat würde jeder einzelne Ida geben, damit auch sie mehr Ideen haben könnte?

Das Ergebnis war, daß Ida Zugang zu Ressourcen fand, die sie zwar besaß, aber unterdrückte. Wir baten Ida, drei Situationen zu nennen, in denen sie selbst Ideen hatte. Es fiel ihr zunächst schwer, doch dann konnte sie sich an solche Erlebnisse erinnern. Sie lagen alle sehr lange zurück. Erstaunlich jedoch war, daß, je mehr Zeit sie sich für die Erinnerung nahm, ihr auch um so genauer Einzelheiten in den Sinn kamen.

Als sie sich in diese drei Erlebnisse nacheinander hineinversetzte, ankerten wir diese Ressource so, daß Ida sie selbst abrufen konnte. Unter „ankern" verstehen wir, den Ressourcenzustand mit einem Signal, einem Bild, einem Geräusch, einer Berührung oder einer Körperhaltung so zu verbinden, daß diese als Auslöser fungieren können, wenn man sie abruft.

Sie haben auch Ihre Anker eingebaut, ohne daß sie Ihnen bewußt sein müssen. Sie gehen zum Beispiel durch die Stadt und bemerken plötzlich einen Stimmungsumschwung. Eben fühlten Sie sich noch gut, jetzt fühlen Sie sich schlecht. Irgend etwas erinnerte Sie an etwas anderes, das Ihnen die Stimmung verdorben hat. Wie häufig so etwas passiert, wissen Sie selbst. Der Anker kann ein Lied, ein Geruch, ein Bild, eine Stimme, ein Gesicht oder etwas anderes sein.

Bei Ida war der Anker eine bestimmte Drehung der einen Hand, bei der sie den Kopf leicht in den Nacken warf. Mit dieser Hand- und Kopfbewegung konnte sie nun Zugang zu einer Ressource finden, die sie vorher nicht zu haben schien.

In Praxis 5 bis 8 sind Ihre ganz persönlichen Erinnerungen und Wahrnehmungen gefragt. Wir geben Ihnen aus diesem Grund keine Beispiele als Vorgabe, die Sie beeinflussen könnten. Jetzt sind Ihre individuellen Empfindungen wichtig.

Praxis 5
Drei Beispiele für kreative Vorbilder

Wenn Sie ähnliches tun, werden Sie genauso gut Zugang zu Ihrer Fähigkeit finden, Ideen zu entwickeln, mit denen Sie Ihre Ziele erreichen. Machen Sie zunächst Praxis 5, und finden Sie drei Menschen, die Sie gut kennen, die viele Ideen haben und die Sie als Vorbild und Mentor nutzen wollen.

Praxis 6
Meine kreativen Erfahrungen: Erlebnisse, in denen ich Ideen hatte

Dann bearbeiten Sie Praxis 6. Erinnern Sie sich an mindesten drei Erlebnisse, in denen Sie richtig gute Ideen hatten. Nehmen Sie sich Zeit dafür. Je genauer Sie sich erinnern, um so besser.

Praxis 7
Wie war ich kreativ?

Erleben Sie genau nach, wie jede einzelne Situation für Sie war, indem Sie sich noch einmal in sie hineinversetzen.

Jede Idee muß, um bewußt zu werden, über Sinneswahrnehmungen repräsentiert werden. Walt Disney sah Bilder. Auch die meisten unserer Klienten, die ihre kreativen Ressourcen aktivieren und erleben, produzieren Ideen als visuelle Wahrnehmungen wie Bilder, Serien von Bildern oder Filme. Ideen stellen sich also oft über Vorstellungsbilder ein. Selbst Mozart, dessen Kreativität sich letzlich über das Ohr vermittelt, schreibt, daß seine Kompositionen das „Aussehen" und den „Geschmack" eines wohlangerichteten Menüs haben.

Es gibt nur wenige Menschen, die behaupten, sie hätten keine Bilder in ihrer Vorstellung. Aber auch sie können lernen, wie Bilder vor ihrem geistigen Auge entstehen. Wenn Sie dazu gehören sollten, machen Sie folgenden Test: Schauen Sie sich irgendeinen Gegenstand genau und in allen Einzelheiten an. Dann schließen Sie die Augen und beschreiben ihn.

Für kreative Ergebnisse werden Sie allerdings Ihre Bilder nicht aus der Erinnerung (Vergangenheit) wahrnehmen, sondern neue schaffen (Zukunft). Um neue innere Wahrnehmungen zu „konstruieren", werden Sie sich „Verrücktes" erlauben, zuerst in der Nutzung Ihres Körpers, indem Sie sich zum Beispiel einmal so stellen, setzen oder bewegen wie Ihre drei Vorbilder. Indem Sie sich in Ihren kreativen Bewußtseinszustand hineinversetzen, werden Sie noch einmal in Ihre Ideenerlebnisse „einsteigen". Schließlich werden Sie Ihre Gedanken verrücken und sich erlauben, spontan Verrücktes zu deuten und zu sehen, weiterzuentwickeln, ohne es zu bewerten, so, wie Sie das als Kind mit Sicherheit konnten.

Drei Beispiele für kreative Vorbilder

Finden Sie drei kreative Menschen, die viele Ideen produzieren:

1. Name: _____

Welche Körperhaltung beobachten Sie? _____

Wie spricht die Person? _____

Wie denkt sie? _____

2. Name: _____

Welche Körperhaltung beobachten Sie? _____

Wie spricht die Person? _____

Wie denkt sie? _____

3. Name: _____

Welche Körperhaltung beobachten Sie? _____

Wie spricht die Person? _____

Wie denkt sie? _____

Was kann ich davon lernen? Was würden mir die drei, einer nach dem anderen, raten, um meine Kreativität/ Produktivität zu steigern:

1. _____
_____

2. _____
_____

3. _____
_____

Praxis 6/Sie

Meine kreative Erfahrung:
Erlebnisse, in denen ich Ideen hatte

Schreiben Sie drei Erlebnisse auf, in denen Sie viele oder gute Ideen hatten, Sie kreativ waren (Stichworte):

1. Erlebnis/Situation: _____

_____

_____

_____

_____

_____

2. Erlebnis/Situation: _____

_____

_____

_____

_____

_____

3. Erlebnis/Situation: _____

_____

_____

_____

_____

_____

Wie war ich kreativ?

Nehmen Sie sich jetzt jedes Erlebnis einzeln vor. Versuchen Sie, so gut Sie es können, dieses Erlebnis nachzuvollziehen, indem Sie sich hineinversetzen. Gehen Sie, wenn möglich, an den gleichen Ort, oder stellen Sie ihn sich vor. Machen Sie sich Stichworte zu folgenden Fragen:

	1. Erlebnis	2. Erlebnis	3. Erlebnis
Wer genau ist dort?			
Wie nehmen Sie neue Ideen wahr?			
Was genau nehmen Sie wahr?			
– Bilder?			
– Ton/Stimme/Geräusche?			
– Gefühle			
Wie genau sind die Bilder (groß, nah, bunt, Dias, Film, usw.)?			
Was denken Sie in diesem Augenblick über Ihre Fähigkeit, Ideen zu haben?			
Welche Körperhaltung haben Sie?			
Wie spüren Sie Ihre Körperhaltung – anders als sonst?			

Machen Sie diese Übung für jedes Ihrer drei Erlebnisse aus Praxis 6.

Praxis 8
Wie kann ich mich in eine kreative Ressource hineinversetzen?

Wenn Sie sich in alle drei Ideenerlebnisse hineinversetzt haben, stellen Sie höchstwahrscheinlich Ähnlichkeiten oder Gleichheiten fest: die Art, wie Sie denken, was Sie glauben, Ihre Körperhaltung oder Ihre Wahrnehmungen. Prägen Sie sich diese Muster fest ein. Benutzen Sie Praxis 8 als Formulierungshilfe. Eventuell bitten Sie einen Freund, Sie genau zu beobachten, um typische Körperbewegungen zu erkennen. Diese können Sie als Anker benutzen, um Zugang zu Ihrer Ressource zu bekommen. Wenn Sie alle diese neuen Möglichkeiten nicht gleich beim ersten Mal wahrnehmen, dann machen Sie weiter.

Eine Entdeckungsreise zu sich selbst ist nicht in einem einzigen Schritt getan. Je häufiger Sie jedoch von Ihrer Ressource Gebrauch machen, um so besser trainieren Sie Ihre Fähigkeit, genügend Ideen und Lösungen zu finden, aus denen Sie wie aus einem Füllhorn schöpfen können: Ihr Vorteil wird es sein, immer noch weitere Maßnahmen in Reserve zu haben, wenn die erste, zweite oder dritte auf dem Weg zum Ziel nicht funktioniert. Sie werden flexibel. Und das genau ist es, was erfolgreiche Menschen auszeichnet: viele Möglichkeiten zu haben, aus denen sie die richtigen auswählen.

Praxis 8/Sie

Wie kann ich mich in eine kreative Ressource hineinversetzen?

Notieren Sie die Gemeinsamkeiten aus Ihren drei Kreativerlebnissen.

1. Was glaube ich? (Ich kann ...)

_____

_____

_____

_____

2. Wie denke ich? (Zukunft ..., in großen Zügen ..., Handlungen ...)

_____

_____

_____

3. Wie sehe ich? Wie nehme ich wahr? (Bilder, grob, bunt, bewegt ... usw.)

_____

_____

_____

_____

4. Welche Kopf- und Körperhaltung nehme ich ein? Wie bewege ich mich?

_____

_____

Praxis 9
33 Ideen, Lösungen, Wege zu meinem Ziel

Nachdem Sie sich so in Ihre kreative Ressource hineinversetzt haben, sind Sie bereit für Praxis 9. Lassen Sie jetzt Ideen fließen, wie Sie Ihr Ziel erreichen könnten, und schreiben Sie alle auf. Wenn der Ideenfluß stoppt, schreiben Sie mit der linken Hand weiter, wenn Sie Rechtshänder sind, und als Linkshänder umgekehrt.

Eine andere Möglichkeit wäre, sich eine Theaterbühne rechts oben vor Ihrem geistigen Auge vorzustellen und Ihre kreativen Vorbilder vorspielen zu lassen, was sie tun würden. Oder Sie fragen sie direkt, was sie Ihnen raten. Sie werden erfahren, daß Sie schnell eine ganze Reihe von neuen Ideen aufschreiben können.

Probieren Sie aus, was passiert, wenn Sie Ihre Sinneswahrnehmungen verändern; machen Sie die Abfolge der Bilder schneller, oder holen Sie die Bilder näher ran, machen Sie sie größer, schärfer oder bunter. Verändern Sie dabei immer nur eine Eigenschaft des Bildes, und erfahren Sie, welche besonders wirksam ist, um neue Ideen hervorzubringen.

33 Ideen, Lösungen, Wege zu meinem Ziel

Daniela:

1. Schreiben Sie Ihr Ziel als Wie-Frage auf:
Ziel: Wie kann ich NEIN sagen und mich dabei gut fühlen?

2. Schreiben Sie Ihre Ideen auf:

		hier freilassen für Praxis 14	
1.	Nicht so sehr darauf achten, was andere sagen		
2.	Konsequent sein		
3.	Dem ersten Gefühl trauen		
4.	Entscheidungen nicht immer wieder in Frage stellen		
5.	Die Vorteile/Gründe fürs NEIN klarer machen		
6.	Klarmachen, daß ich auf jeden Fall NEIN sagen muß		
7.	Ich kann nicht zu allem ja sagen		
8.	Ich suche mir die Dinge aus, bei denen ich am besten NEIN sagen kann		
9.	Mir klarmachen, daß es ehrlicher ist		
10.	Ich sage NEIN, wo ich es auch als NEIN meine, nicht weil es einfacher ist		
11.	Bei Japanern abgucken, wie die es machen		
12.	Bewußt machen, daß NEIN für die anderen hilfreich ist		
13.	Nicht so verschwenderisch mit JA umgehen		
14.	Mich weniger in Situationen bringen, in denen NEIN notwendig wird		

		hier freilassen für Praxis 14	
15.	Für jedes JA mindestens ein NEIN		
16.	Lansam üben		
17.	Lernen, mit NEIN umzugehen		
18.	Mir Feedback einholen, wie andere über NEIN denken		
19.	Ich bin ich		
20.	Klarmachen, daß ich ausgebeutet werde, wenn ich zu allem JA sage		
21.	Gewinn-Gewinn-Situationen im NEIN schaffen		
22.	Ständig neue Lösungen anbieten, die ein NEIN überflüssig machen		
23.	Eine NEIN-Gier entwickeln		
24.	Mich an Erlebnisse erinnern, in denen ich NEIN sagte		
25.	Und daraus lernen, wie ich es gemacht habe		
26.	NEIN kann verbinden		
27.	Bevor ich JA sage, will ich erst andere Alternativen wissen		
28.	So argumentieren, daß andere erst gar nicht fragen		
29.	In mich hineinfühlen, ob ich JA oder NEIN meine, und es dann aussprechen		
30.	Die Gemeinsamkeiten betonen, trotzdem NEIN (das NEIN in Gemeinsamkeiten verpacken)		
31.	Dem anderen klarmachen, daß das NEIN für ihn wichtiger als ein JA ist		
32.	Den anderen bitten, ehrlich auf seine Frage zu antworten, um selbst zum NEIN zu kommen		
33.	Würdest Du das tun? Dann tu's!		

33 Ideen, Lösungen, Wege zu meinem Ziel

1. Schreiben Sie Ihr Ziel als Frage auf:
Was muß ich tun, um Ziel X möglichst schnell zu erreichen?
Wie kann ich Ziel X am besten erreichen? Ihre Formulierung:

_____

_____

2. Jetzt nutzen Sie, was Sie über sich gelernt haben: Gehen Sie
an den Ort, an dem Sie kreativ sind, nehmen Sie Ihre Körper-
haltung ein, und sagen Sie sich Ihren Glaubenssatz. Wenn Sie
das Gefühl haben, in einer guten kreativen Ressource zu sein,
lassen Sie die Ideen kommen, und notieren Sie sie alle.
Sie erlauben alles, suchen Verrücktes, entwickeln weiter.
Jede Idee ist wichtig. Sie respektieren alle! 33 oder mehr
Ideen sind ein gutes Reservoir.

		hier freilassen für Praxis 14	
1.			
2.			
3.			
4.			
5.			
6.			
7.			
8.			
9.			
10.			
11.			
12.			
13.			

		hier freilassen für Praxis 14	
14.			
15.			
16.			
17.			
18.			
19.			
20.			
21.			
22.			
23.			
24.			
25.			
26.			
27.			
28.			
29.			
30.			
31.			
32.			
33.			

Nehmen Sie sich zusätzlich ein Blatt für weitere Ideen.

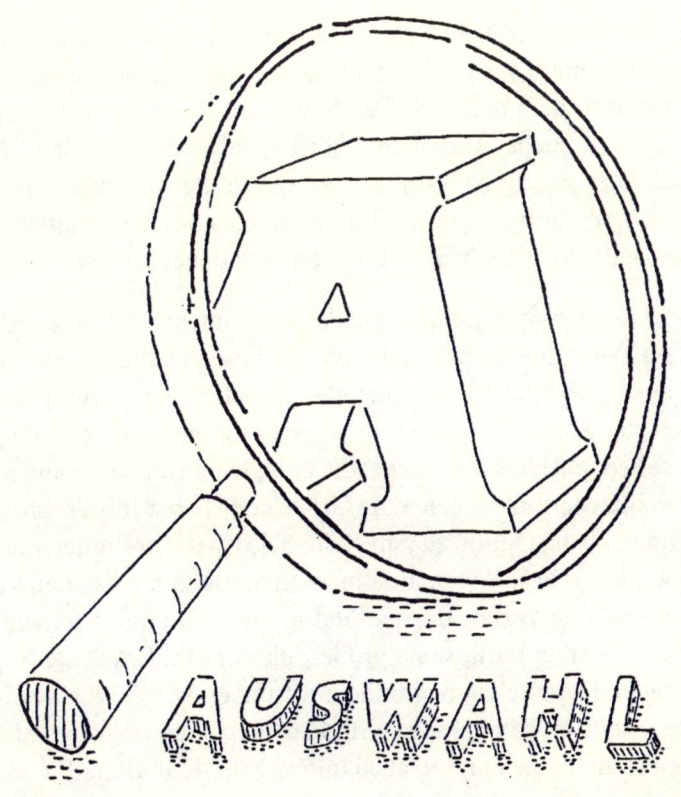

AUSWAHL

6. Wie Sie Ihre Kritikfähigkeit aktivieren und positiv nutzen, um die richtige Lösung auszuwählen (A)

Wenn Sie viele Ideen haben, sind es nie zu viele, denn jede einzelne bereichert Sie. Ideen, die Sie jetzt nicht brauchen, können Sie später nutzen. Um Ihr Ziel möglichst bald zu erreichen, wollen Sie die richtigen Schritte auswählen, Ihre besten Ideen nutzen und wissen, welche die geeigneten Maßnahmen sind, um zum Ziel zu kommen. Dazu brauchen Sie ein gutes Urteilsvermögen.

Manche Menschen haben viele Ideen und Lösungen, wenn es aber darauf ankommt, die geeignetsten auszuwählen, machen sie einen Fehler nach dem anderen. Das Schlimme daran ist, daß sie die richtige Möglichkeit kennen, aber die falsche auswählen. Was falsch oder richtig ist, erfahren wir durch die Resultate, die wir erzielen. Wenn wir dem Ziel nicht näher kommen, wählen wir einen anderen Weg. Manch einer tut sich dabei schwer.

Henry war bereits einmal in Konkurs gegangen und nun auf dem besten Weg, dies zu wiederholen. Er hatte genügend Optionen, um aus seiner prekären finanziellen Situation herauszukommen. Doch seine Wahl fiel eher auf solche Optionen, die er weniger gut beherrschte, als auf solche, die er hätte meistern können. Sein Auswahlkriterium war eher die Größe der Chance, die er sah, und weniger, ob die Option zu ihm paßte. Die Chancen wurden immer größer, je ferner sie lagen. In seiner schwierigen finanziellen Lage entschied er sich zum Beispiel dafür, Geschäfte mit Rußland zu machen, weil er darin seine große Zukunft sah. Er dachte folgerichtig und konnte gut begründen, warum er diesen Weg gewählt hatte. Aber er kannte seine Stärken nicht, die er hätte nutzen können, und machte sie auch nicht zum Kriterium für seine

Auswahl. Er berücksichtigte auch nicht seine Schwächen, insbesondere nicht seine schwache finanzielle Durchhaltefähigkeit. Den Vorschlag zu einem Einzelcoaching betrachtete er als eine Möglichkeit, die Situation zu verbessern. Er machte dann aber keinen Gebrauch davon. Henry ist ein Beispiel dafür, wie ein Wertesystem verhindern kann, das zu tun, was erwünschte Resultate erzeugen würde. Er konnte es mit seinem Selbstverständnis nicht in Einklang bringen, die Hilfe eines Coaches zu nutzen.

Dieses Beispiel zeigt, wie wichtig es ist, daß Sie die Fähigkeit entwickeln, Entscheidungen zu treffen, die positive Resultate erzielen, und dies auch bereits im Vorfeld einschätzen können.

Im Grunde tun Sie es ja täglich bei vielen Gelegenheiten. Jede Entscheidung setzt eine Bewertung voraus. Wenn Sie Gemüsesuppe kochen wollen, machen Sie das Rezept zum Entscheidungskriterium. Sie werden bei Ihrem Einkauf keine Äpfel und Bananen, dafür aber Kartoffeln, Porree und alle weiteren dafür notwendigen Zutaten aus der Vielzahl der Möglichkeiten auswählen. Oder wenn Sie sich überlegen, die Firma zu wechseln, werden Ihre Entscheidungskriterien wahrscheinlich Gehalt, Aufstiegschancen und dergleichen sein. Auch hier wählen Sie aus mindestens zwei Möglichkeiten (hoffentlich aus einer Reihe mehr) aus: zu bleiben oder zu wechseln.

Anton stand vor einer solchen Frage, als er ins Coaching kam. Er hatte sieben Optionen, in der Firma, in der er beschäftigt war, zu bleiben, und die achte, sich selbständig zu machen. Er meinte, er könne sich nicht entscheiden, und wir sollten ihm dazu den Weg zeigen. Der Lösungsweg war prinzipiell der gleiche wie bei der Aktivierung der kreativen Ressourcen bei Ida, nur daß es hier um Fähigkeiten zur richtigen Auswahl und Entscheidung ging.

Zunächst ließen wir ihn drei exzellente Kritiker, Urteiler, Entscheider aus seinem Bekanntenkreis als Vorbilder und Mentoren finden. Das fiel ihm leicht. Er hatte beobachtet, daß sie in vielen Situationen eine einheitliche Körperhaltung zeigten. Sie sitzen, wenn sie ihre Überlegungen verkünden, nach vorne geneigt und schauen nicht selten vor sich hin, als würde das, was sie sagen, dort formuliert. Manchmal scheinen sie etwas abwesend, „aber sie sind voll da". Was Anton wahrgenommen hatte und was er schilderte, entspricht auch der Beobachtung Rodins, der uns mit seinem „Denker" diesen Zustand als Kunst plastisch gemacht hat. Anton war imstande, die Körperhaltung sehr gut vorzuführen. In dieser Haltung konnte er auch den Rat, den die Mentoren gaben, und ihre Begründung aussprechen. Für Anton trafen alle Mentoren die gleiche Entscheidung: Er solle sich selbständig machen. Das wäre zwar für ihn die Lösung seines aktuellen Entscheidungsproblems gewesen, er hätte sich aber auch in Zukunft immer wieder in ähnlichen Situationen der Hilfe anderer bedienen müssen.

So halfen wir ihm, sich drei Situationen in Erinnerung zu rufen, in denen er irgendeine Sache absolut richtig bewertet, konstruktiv kritisiert oder mit guten Resultaten entschieden hatte.

Seine Wahl fiel auf folgende:

1. Die Entscheidung für Betriebswirtschaftslehre als Studium, das ihm den Doktortitel und die hohe Flexibilität, das zu tun, was er wollte, einbrachte.
2. Der Kauf eines BMW als das Auto, das ihm die Sicherheit und Bequemlichkeit bot, die er brauchte.
3. Die Wahl eines Hauses zu einem Preis über seinem Limit.

Er betrachtete diese Einschätzungen, Bewertungen und die Kritik, die zur Wahlentscheidung führten, deshalb als „erfolgreich", weil sie die Resultate erzielten, die er sich gewünscht hatte.

Es gelang ihm, sich in die jeweilige Bewertungsphase hineinzuversetzen, und er stellte für sich fest, daß er in allen drei Situationen einfache Beurteilungskriterien benutzt hatte. Er berücksichtigte jedesmal nur zwei oder drei Kriterien, aber diese waren ihm besonders wichtig. Er checkte sie innerlich durch, und in dem Maße, in dem sie zutrafen, stellte sich ein bestimmtes „gutes Gefühl im Bauch" ein. Dieses Gefühl vermittelte ihm: Das ist es!

Für die Entscheidung über seine zukünftige berufliche Situation waren ihm zwei Kriterien besonders wichtig: der persönliche Freiheitsgrad, die Möglichkeit, sich zu entfalten, und ein hohes Einkommen. Wenn er diese beiden Kriterien nun auf die verschiedenen Entscheidungsoptionen anwandte, stellte sich das „gute Gefühl" nur bei der 8. Option, sich selbständig zu machen, ein. Sein Anker war eindeutig: Er legte die linke Hand aufs Kinn. Und wir entdeckten noch etwas: Um ganz sicher in seiner Entscheidung zu sein, mußte er dieses Gefühl im Bauch mindestens dreimal erleben. So hatte er zum Beispiel sein Haus dreimal besichtigt, ehe er sich dafür entschied.

Praxis 10
Drei Vorbilder für gute Kritiker/Entscheidung

Wenn Sie ähnliches tun, werden Sie einen genauso guten Zugang zu Ihrer Kritiker/Entscheider-Ressource bekommen wie Anton. Machen Sie dazu zunächst Praxis 10, und finden Sie drei Personen aus Ihrem Bekanntenkreis, die sichere und gute Wertungen abgeben, die hilfreich kritisieren und deren Entscheidungen oft auf den Punkt treffen. Machen Sie sich bewußt, was Sie von diesen Mentoren lernen können, und welchen Rat sie Ihnen geben würden. Sie können diese Übung als Praxis 10 machen, oder in bezug auf eine konkrete persönliche Entscheidung aussprechen. Dann achten Sie aber einmal nicht darauf, *was* Sie sagen, sondern *wie* Sie es sagen, *wie* Sie Kriterien bilden und benutzen und Ihre Beurteilung abgeben.

Praxis 11
Meine positiven Kritiker-Erfahrungen:
Erlebnisse, in denen ich richtig geurteilt habe

Sie besitzen dann bereits eine gute Basis, Ihre eigenen Erinnerungen an drei Erlebnisse zu aktivieren, in denen Sie selbst richtig entschieden und bewertet haben.

Nehmen Sie sich Zeit, um sich genau zu erinnern, in welchen Situationen Sie genau wußten, daß es richtig war, was Sie entschieden haben, daß alles andere falsch oder schlecht gewesen wäre. Finden Sie drei solcher Erfahrungen.

Praxis 12
Wie habe ich bewertet, entschieden?

Gehen Sie in jedes einzelne Erlebnis hinein, so gut Sie können. Machen Sie sich bewußt, welche Kriterien und Werte Ihnen jeweils wichtig waren. Hören Sie auf Ihren inneren Dialog, den Abgleich zwischen dem, was für Sie wichtig ist (Werte, Kriterien), und den Maßstäben, die Sie bei der jeweiligen Idee feststellen. Vielleicht bemerken Sie bei Ihrer inneren Stimme einen bestimmten Tonfall, Klarheit oder ein besonderes Tempo. Oder es spricht eine andere Stimme zu Ihnen, ein Mentor, die Eltern oder ein Freund.

Solche inneren Dialoge stellen wir bei Bewertungen häufig fest. Äußere Zeichen dafür sind die Kopfhaltung (nach vorne links) und die Augenbewegung (nach unten links) bei Rechtshändern. Diese physiologische Integration des Bewertungsprozesses im ganzen Körper wird auch durch das „gute Gefühl", zum Beispiel im Bauch, ausgedrückt, das sich dann einstellt, wenn die persönlichen Kriterien genau erfüllt werden.

Praxis 13
Wie kann ich mich in meine positiven Kritiker-Ressourcen hineinversetzen?

Diese körperliche Repräsentanz ist aber schon das Ergebnis des Bewertungsprozesses, das zum Handeln motiviert.

Stellen Sie fest, welche Ähnlichkeiten oder Gemeinsamkeiten es zwischen den drei Kritiker-Erfahrungen gibt.

- Was glauben Sie in allen drei Erfahrungen über sich?
- Wie vergleichen Sie Ihre Kriterien mit den Qualitäten der Ideen?

- Wie nehmen Sie sich wahr?
- Welche Körperhaltung, Gestik etc. stellt sich ein?
- Gibt es einen Anker, ein Wort, eine Bewegung etc., der für alle drei Erlebnisse steht?

Machen Sie hierzu Praxis 13.

In Praxis 10 bis 13 sind wiederum Ihre ganz persönlichen Erinnerungen und Wahrnehmungen gefragt. Aus diesem Grund finden Sie keine Beispiele, die Ihre individuellen Empfindungen beeinflussen könnten.

Wenn Sie die Praktiken 12 und 13 machen, werden Sie Zugang zu Ihrer Fähigkeit gewinnen, gut zu bewerten, auszuwählen, zu beurteilen und zu entscheiden. Sie werden Ihren Anker oder mehrere Anker entdecken, mit dem Sie sich in einen Zustand hineinversetzen können, der Ihr positiver Kritiker-Zustand ist. Sie werden ihn ganz anders erleben als Ihren Kreativ-Zustand.

In dieser Kritiker-Ressource treffen Sie Ihre Wahlentscheidungen. Für Praxis 14 gehen Sie zu Praxis 9 zurück und wählen aus den Ideen, Maßnahmen und Lösungen diejenigen aus, die am besten geeignet sind, Sie zum Ziel zu bringen.

Drei Vorbilder für gute Kritiker/Entscheider

Finden Sie drei positive Kritiker, Menschen, die gute Werturteile abgeben, Ideen richtig einschätzen, erfolgreiche Entscheidungen treffen.

1. Name: _____

Welche Körperhaltung beobachten Sie? _____

Wie spricht die Person? _____

Wie denkt sie? _____

2. Name: _____

Welche Körperhaltung beobachten Sie? _____

Wie spricht die Person? _____

Wie denkt sie? _____

3. Name: _____

Welche Körperhaltung beobachten Sie? _____

Wie spricht die Person? _____

Wie denkt sie? _____

Was kann ich davon lernen? Was würden mir die drei, einer nach dem anderen, raten, um meine Fähigkeit zum Urteil, zur Bewertung, zur Entscheidung zu verbessern?

1. _____
_____

2. _____
_____

3. _____
_____

Meine positiven Kritiker-Erfahrungen:
Erlebnisse, in denen ich richtig geurteilt habe

Schreiben Sie drei Erlebnisse/Situationen auf, in denen Sie etwas richtig und sicher beurteilt, bewertet, entschieden haben (Stichworte):

1. _____

_____

_____

_____

_____

_____

2. _____

_____

_____

_____

_____

_____

3. _____

_____

_____

_____

_____

_____

_____

74

Wie habe ich bewertet, entschieden?

Nehmen Sie sich jetzt jedes Erlebnis einzeln vor, versetzen Sie sich hinein, wenn möglich am gleichen Ort. Machen Sie Notizen zu folgenden Fragen:

Wo genau urteilen und bewerten Sie gut?

_____

_____

Wer genau ist dabei? Wer spricht, evtl. auch nur in Ihrer inneren Stimme, zu Ihnen?

_____

_____

Wie genau nehmen Sie Ihren inneren Drang, die Stimme, die Ihnen sagt, was gut/nicht gut ist, wahr? (laut, schnell, leise, deutlich usw.)

_____

_____

Welches Gefühl nehmen Sie wahr? Beschreiben Sie es möglichst genau.

_____

_____

Was nehmen Sie sonst wahr?

_____

_____

Welche Körperhaltung haben Sie?

_____

_____

Machen Sie diese Praxis für jedes der drei Erlebnisse.

Praxis 13/Sie

Wie kann ich mich in meine positiven
Kritiker-Ressourcen hineinversetzen?

**Notieren Sie die Gemeinsamkeiten aus Ihren drei
Kritiker-Erlebnissen.**

1. Was genau glaube ich über mich? Ich kann ...

   _____

   _____

2. Wie denke ich?
   (Unterschiede/Ähnlichkeiten, negativ/positiv)

   _____

   Wie vergleiche ich?   _____

   _____

3. Wie nehme ich meine Kriterien, Werte innerlich wahr
   (innere Stimme)? Welche Qualität besitzen sie?

   _____

   _____

4. Welche Körper-/Kopfhaltung habe ich?   _____

   Wie bewege ich mich?   _____

   _____

   Was erinnert mich an alle drei Situationen?   _____

   _____

   Was könnte mein Anker sein? (Körperbewegung und
   -haltung, Ton, Stimme etc.)   _____

Machen Sie diese Praxis für jedes der drei Erlebnisse.

Praxis 14
Meine Konzepte, um zum Ziel zu kommen.

Kreuzen Sie die drei besten Lösungen in Praxis 9 in der rechten Spalte an. Sie werden höchstwahrscheinlich feststellen, daß sich ähnliche Lösungen wiederholen. Ordnen Sie die Nummern dieser Lösungen den drei „wichtigsten" Lösungen zu. So erhalten Sie „Päckchen" von zusammengehörenden Ideen und Lösungen. Finden Sie drei Überschriften, die die Päckchen charakterisieren, und bezeichnen Sie damit das „Konzept", das Sie anwenden wollen, um Ihr Ziel zu erreichen. Tragen Sie die drei Konzepte in Praxis 14 ein.

Beispiel Daniela:

Konzepte:

1. Ich muß mich **von anderen unabhängig entscheiden!**
   Ich will die Konsequenzen für andere beachten.
   Ich will die Meinung anderer berücksichtigen.
   Ich will es mir aber auch selbst überlassen, ob ich es
   berücksichtige oder nicht.

2. **Ich finde Argumente**, mit denen ich meine
   Entscheidung ja/nein vertreten kann.
   Ich möchte mich auch spontan entscheiden können.
   (Und dann habe ich Argumente, wenn ich es ehrlich
   meine.)
   Ich möchte nicht berechnend, sondern ehrlich sein!

3. Ich kann (und will) am besten nein sagen, **wenn ich
   es ehrlich meine.** Eigentlich möchte ich ja sagen,
   aber es gibt Gründe (z. B. Zeit), die mich zwingen,
   „nein" zu sagen.

Meine Konzepte, um zum Ziel zu kommen

1. Sie wählen die drei Ideen, Lösungen, Maßnahmen
   aus Praxis 9 aus, die Sie als die besten bewerten.
   Kreuzen Sie diese in der rechten Spalte von Praxis 9 an.

2. Bilden Sie „Päckchen", indem Sie ähnliche Ideen in
   der zweiten rechten Spalte ankreuzen und den Lösungen
   aus 1. zuordnen.

3. Finden Sie für jedes Päckchen eine Überschrift als
   Bezeichnung für Ihre Konzepte, mit denen Sie das
   Ziel erreichen wollen.

4. Schreiben Sie Ihre Konzepte hier auf:

1. Konzept: Überschrift _____
   Wichtigste Maßnahmen _____

   _____

   _____

2. Konzept: Überschrift _____
   Wichtigste Maßnahmen _____

   _____

   _____

3. Konzept: Überschrift _____
   Wichtigste Maßnahmen _____

   _____

   _____

   _____

7. Wie Sie Ideen in Konzepte (K) integrieren

Sie haben mit Praxis 14 Ihre Basis geschaffen, um handeln zu können. Sie werden jedoch noch prüfen müssen, ob diese Konzepte so eingesetzt werden können, wie sie jetzt dastehen, oder ob noch Einwände existieren.

Bei Anton bestand das Konzept darin, seine Firma möglichst bald in gutem Einvernehmen zu verlassen. Als er diese Entscheidung nochmals hinterfragte, wurde ihm bewußt, daß er sein Risiko nicht ausreichend berücksichtigt hatte. Was wäre, wenn er als Selbständiger nicht genügend Aufträge bekäme? Schließlich hatte er für eine Familie, ein Haus und ein teures Auto zu sorgen. Der Einwand war berechtigt, wie jeder Einwand berechtigt ist, denn durch ihn äußerte sich der Teil bei Anton, der ihn vor zu hohem Risiko schützen will.

Wir baten Anton, noch einmal Ideen und Lösungen zu suchen, die die Absicht seines Einwandes zufriedenstellen würden. Er hatte schnell zwei elegante Lösungen parat, die er in sein Konzept einbaute: Erstens sollte seine jetzige Firma sein erster Auftraggeber werden, indem er sein derzeitiges Projekt als Auftrag übernehmen wollte. Zweitens fand er den Vorteil für seine Firma in dieser Lösung: Sie würde Kosten sparen und nicht einmal das Erfolgsrisiko tragen. Es stellte sich übrigens schon sehr schnell heraus, daß die Firma mitspielte, und so konnte der Plan realisiert werden.

Sie können es mit Ihren Einwänden genauso machen. Was spricht gegen das Konzept 1, 2 oder 3? Tragen Sie die Einwände in Praxis 14 ein und überlegen Sie sich (eventuell auch nach Praxis 9, durch einen kreativen Prozeß), welche neuen Lösungen Ihren Einwänden gerecht würden. Machen Sie dies Konzept für Konzept, und achten Sie darauf, sich vorher in Ihren kreativen Ressourcen-Zustand hineinzuversetzen (Ort, Körper, Anker).

So werden Sie Ihre Konzepte so lange verbessern, bis nichts mehr dagegen spricht.

Warum sollten Sie drei Konzepte aufstellen? Die Antwort ist einfach: Sie wollen Ihr Ziel erreichen. Oft ergänzen sich die Konzepte, weil sie einzelne wesentliche Wege zum Ziel darstellen. Dann verbinden Sie zwei oder drei Konzepte miteinander. Manchmal müssen Sie zwischen den Konzepten wählen. Dann entscheiden Sie sich für das, was Sie für das geeignetste halten. Sollte dieses Konzept Sie nicht zum Ziel bringen, dann nehmen Sie ein anderes. Wie immer Ihre Wahl ausfällt, Sie werden Ihre Konzepte, um zum Ziel zu kommen, in Handlungen und in konkrete Schritte umsetzen.

AKTION

8. Wie Sie Ihre „Macher-Qualitäten" aufspüren, verstärken und Ihre Konzepte in Aktionen (A) umsetzen

Der wesentliche Unterschied zwischen erfolgreichen und weniger erfolgreichen Menschen ist, daß die erfolgreichen Menschen handeln. Sie bleiben nicht bei einer Idee stehen, sie setzen sie um. Auch Sie haben sicher die Erfahrung gemacht, daß Sie Ihre Ziele nur erreichen, wenn Sie handeln.

Manch einer handelt zwar, aber er hat seine Ziele nicht klar vor Augen. Andere glauben zu handeln, aber sie tun es nicht wirklich. Wieder andere tun etwas, bringen es jedoch nicht zu Ende oder geben bei den ersten Widerständen auf („Ich habe es ja versucht"). Wirkliches Handeln zeigt sich aus den Resultaten. Solange ich nicht die Resultate erziele, die ich mir wünsche, muß ich noch etwas tun. Entweder das gleiche noch einmal an anderer Stelle oder etwas anderes, weil die erste Maßnahme nicht die gewünschten Ergebnisse erbrachte.

Adolf lieferte uns ein gutes Beispiel für genialen Ideenreichtum auf der einen und scheinbare Handlungsunfähigkeit auf der anderen Seite. Er kam zum Coaching, weil er wissen wollte, warum seine so gut ausgedachten Konzepte von anderen nicht gewürdigt wurden. Es stellte sich heraus, daß er nicht wirklich selbst handelte. Sein Tun bestand darin, andere zu bitten, für ihn zu handeln, oder sich so zu verhalten, daß diese seine Schwächen kompensierten. Da er bei sich einen hohen Intelligenzquotienten gemessen hatte, entsprach es seinem Selbstverständnis, sich nur auf Visionen und Ideen zu konzentrieren und die Kleinarbeit anderen zu überlassen. Daß er sich dadurch abhängig machte, wurde ihm nicht erst im Coaching deutlich: Die anderen wollten nicht immer so wie er, und er wußte nicht, wie er die Kleinarbeit anpacken sollte. Das große Denken war seine Welt, vor den kleinen Schritten zur Umsetzung floh er. Wie konnte er Zugang zu seiner Ressource, selbst erfolgreich zu handeln, bekommen?

Das Prinzip war wiederum ähnlich wie bei der Erschließung der Kreativitäts- oder Kritiker-Ressource. Zunächst ließen wir ihn drei Vorbilder finden, deren „Modell" er anwenden konnte und deren Rat er annehmen wollte. Er fand zwei Spitzenmanager und einen Management-Berater. Und er lernte schnell: Bisher hatte er ihnen eher vorgeworfen, sie hätten keine Visionen, sondern würden von der Hand in den Mund leben. Nun wurde ihm bewußt, daß gerade die kleinen Schritte, die sie taten, mit der erfolgreichen Umsetzung ihrer Ideen zu tun hatten.

Dadurch wurde Adolf klar: „Ich sollte in kleineren Portionen denken, einen Elefanten kann ich auch nicht mit einem Bissen verzehren." Diese drei erfolgreichen Macher hatten alle ihre Visionen, aber sie konzentrierten sich darauf, sie so in kleine Schritte zu unterteilen, daß sie durchführbar wurden. Sie zerlegten ihre große Wegstrecke in Abschnitte, ohne das Ziel aus den Augen zu verlieren. Das machte sie gleichzeitig zum Kontrolleur ihrer eigenen Resultate wie auch der Personen, die sie führten. Rom wurde auch nicht in einem Tag erbaut, sondern Stein für Stein.

Adolf hatte darüber hinaus beobachtet, daß alle drei Vorbilder „mutig" waren, sie hatten „Schneid", und sie riskierten Fehlschläge. Das war aber nicht die einzige Botschaft, der einzige Rat, den er sich daraus holen konnte: Alle drei hatten offensichtlich keine Schwierigkeiten damit, Fehler zu machen. Ganz im Gegenteil: Sie konnten die Fehler als Resultate wahrnehmen, die sie zwar nicht wünschten, die aber zeigten, wie es nicht weiterging.

Adolf wurde eher mutlos, wenn eine Maßnahme nicht klappte und flüchtete sich in seine Stärken. Er hatte gesponnen, Ideen entwickelt, war seinen Visionen nachgegangen, statt den Fehler als

Rückmeldung zu nutzen und es ein zweites Mal, aber anders zu versuchen. Die Antwort auf die Frage, welchen Rat die drei Mentoren ihm geben würden, um seine guten Ideen umzusetzen, unterschieden sich:

Der erste riet ihm, sich immer wieder zu fragen, ob eine Handlung zum Ziel führe. Er nannte dies den Relevanz-Check. Adolf hatte nämlich die Angewohnheit, vieles zu tun, das zwar nach „Aktivität" aussah, mit dem Ziel aber wenig zu tun hatte. Adolf verglich sich selbst mit seinem Hund, der immer dorthin rennt, wo sich etwas rührt, und der alles frißt, was sich bewegt.

Der zweite riet ihm, seine Maßnahmen aufzuschreiben, die Liste täglich abzuarbeiten und weiter zu entwickeln. Dies solle er auch für kleinste Aktionen tun, die sonst leicht vergessen würden. Er solle den ganzen Tag damit verbringen, nur für seine Ziele zu arbeiten. Wenn er seine Liste abgearbeitet hätte, eine neue für den nächsten Tag aufstellen. Diesen Ablauf solle er wiederholen, bis er Routine würde. Wenn er sein Tun nicht dringlich mache, würde er nicht die Energie ausstrahlen, andere zu bewegen, seine Unterstützung ebenfalls als dringlich anzusehen.

Der dritte sagte, er solle seine Zeit anders aufteilen: 1 Prozent spinnen, kreativ sein, Ideen haben, würde ihm reichen. In den restlichen 99 Prozent seiner Zeit solle er sich damit beschäftigen, die Ideen zu „verkaufen", an den Mann zu bringen und umzusetzen. Und er fügte einen weiteren Rat hinzu: Jede erfolgreiche Handlung ist auch lernen. Jede nicht erfolgreiche Handlung ist ebenfalls lernen. Um zu lernen, solle Adolf handeln.

Adolf formulierte diese Gedanken alle selbst, als wir ihn baten, sich in die Mentoren hineinzuversetzen. In allen drei Rollen saß Adolf nach vorne gerichtet, als wolle er jeden Augenblick aus dem Sessel aufspringen. Ein körperlicher Spannungszustand, der auch durch angespannte Backenmuskeln und einen leicht nach vorne geneigten Kopf ausgedrückt wurde. Wir finden diese Körperhaltung häufig bei „Machern" und bezeichnen sie als „kinästhetischen" Bereitschaftszustand, der sich meistens in sofortige Handlungen umsetzt: zum Telefonhörer greifen, Anweisungen geben, schreiben oder aufmalen, ins Auto setzen und losfahren, um das zu erledigen, was als nächstes zu tun ist.

Adolf konnte sich an drei Beispielen aus seinem jungen Leben erinnern, in denen er erfolgreich im Sinne eines Zieles gehandelt hatte. Er hatte eine Tagung mit 80 Teilnehmern organisiert, die üblichen Widerstände und Schwierigkeiten geregelt, er hatte einzelne Aufsätze geschrieben, die auch veröffentlicht wurden, und er hatte eine Reihe von Seminaren organisiert. Seine „kinästhetische" Macher-Ressource schilderte er als eine „Spannung in den Beinen", die sich über den ganzen Körper ausbreite und die ihn motiviere, das zu tun oder zu lernen, was zur Durchsetzung seiner Ideen nötig war.

Er besaß also ein Modell, und für ihn war wichtig, es auf alle seine Ziele konsequent anzuwenden. Diese Konsequenz hatte er als Modell verinnerlicht und in entsprechenden Situationen gezeigt.

Die Anker für diese Ressource waren in seinem Fall seine Sitzhaltung, sein Schreibtisch und seine Aktivitätenliste, die er zur Routine machte.

Praxis 15
Drei Vorbilder, die gute Macher sind

Das erste, was Sie tun, um Ihre Macher-Qualitäten kennenzulernen und einzuüben, ist die Praxis 15. Finden Sie drei Vorbilder in Ihrem Bekanntenkreis, die exzellente Macher, Umsetzer sind. Nehmen Sie genau wahr, wie diese Vorbilder handeln, welchen Rat sie Ihnen jeweils geben würden bzw. was Sie von ihnen lernen können.

Praxis 16
Meine Macher-Erfahrungen

Sie werden dann Ihre drei Situationen finden, in denen Sie selbst etwas gut umgesetzt, erfolgreich getan haben, in denen Sie die Kraft fühlten, alles, was notwendig war, zu Ende zu bringen. Situationen, in denen Sie Ihre Schritte klein genug machten, um die gewünschten Ergebnisse zu erzielen.

Versuchen Sie, sich in diese Erlebnisse noch einmal hineinzuversetzen, so gut Sie es können. Erleben Sie sie noch einmal bewußt. Registrieren Sie, wie Sie fühlen, wenn sich auch bei Ihnen die Spannung einstellt, über die andere in dieser Ressource oft berichten.

Wir geben Ihnen wiederum keine weiteren Beispiele, um Ihre persönlichen Erinnerungen nicht zu beeinflussen.

Praxis 17
Wie habe ich gehandelt?
Was habe ich getan, gemacht?

Gehen Sie in jedes einzelne Erlebnis so gut Sie können hinein. Wie haben Sie Ihre „Macher-Ressource" wahrgenommen, welche Körperempfindungen haben Sie, wo fühlen Sie sich wie angespannt? Solche Körperzustände der Anpassung – wie in einer Startposition – finden wir bei „Machern" häufig.

Praxis 18
Wie kann ich mich in meine Macher-Ressourcen hineinversetzen?

Mit Praxis 18 erkennen Sie, wie Sie sich Ihre Macher-Qualitäten zugänglicher machen. Sie werden erfahren, daß Sie es können, und herausfinden, wie es am besten funktioniert. Sie werden Ihre großen Ideen in kleine, machbare Schritte unterteilen. Sie werden einen bestimmten typischen Körperzustand fühlen, und Sie werden einen Anker finden.

Es kann nützlich sein, wenn Sie Ihren Partner, Freund oder Kollegen bitten, Sie zu beobachten, während Sie Praxis 16 bis 18 machen.

Nachdem Sie sich so in Ihre Macher-Ressource hineinversetzt haben, können Sie Praxis 19 bearbeiten.

Drei Vorbilder, die gute Macher sind

Finden Sie drei Vorbilder, die gute Macher sind, die die Dinge anpacken und umsetzen.

1. Name: _____

Welche Körperhaltung beobachten Sie? _____

Wie spricht die Person? _____

Wie denkt sie? _____

2. Name: _____

Welche Körperhaltung beobachten Sie? _____

Wie spricht die Person? _____

Wie denkt sie? _____

3. Name: _____

Welche Körperhaltung beobachten Sie? _____

Wie spricht die Person? _____

Wie denkt sie? _____

Was kann ich davon lernen? Was würden mir die drei, einer nach dem anderen, raten, um meine Fähigkeit zum aktiven Handeln, zur Umsetzung zu verbessern:

1. _____
_____

2. _____
_____

3. _____
_____

Meine „Macher"-Erfahrungen

Schreiben Sie drei Erlebnisse/Situationen auf, in denen Sie erfolgreich gehandelt haben. Sie wußten Ihre Aufgabe genau in machbare Schritte zu zerlegen und sind sie erfolgreich gegangen (Stichworte):

1. _____

_____

_____

_____

_____

_____

_____

2. _____

_____

_____

_____

_____

_____

_____

3. _____

_____

_____

_____

_____

_____

_____

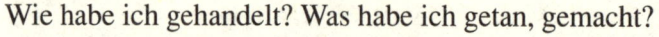

Praxis 17/Sie

Wie habe ich gehandelt? Was habe ich getan, gemacht?

Nehmen Sie sich jedes Erlebnis einzeln vor, und versetzen Sie sich noch einmal hinein, wenn möglich am gleichen Ort. Machen Sie sofort danach Notizen zu folgenden Fragen:

Wo genau handelten Sie? In welchem Zusammenhang, an welchem Ort?

_____

_____

_____

Wie genau taten Sie es? Einzelne Schritte? Körperhaltung? Waren andere dabei?

_____

_____

_____

Welche Körperwahrnehmung hatten Sie (angespannt, innerlich angetrieben)? Wie genau nehmen Sie diese wahr?

_____

_____

_____

Was nehmen Sie sonst noch wahr?

_____

_____

_____

_____

Machen Sie diese Praxis für jedes Ihrer drei
Macher-Erlebnisse.

Wie kann ich mich in meine
Macher-Ressourcen hineinversetzen?

**Notieren Sie die Gemeinsamkeiten aus Ihren drei
Macher-Erlebnissen.**

1. Was genau glaube ich über mich? Ich kann ...

_____

_____

_____

_____

_____

2. Wie denke ich? (Vom Großen zum Kleinen detaillieren)

_____

_____

_____

_____

**3. Wie nehme ich meinen körperlichen Ressource-
Zustand wahr? Wie bin ich motiviert?**

_____

_____

_____

_____

**4. Welche Körperhaltung, Kopfhaltung habe ich?
Welche Bewegungen mache ich?**

_____

_____

_____

_____

_____

Was verbindet mich mit allen drei Situationen, so daß ich es
als Anker benutzen kann?

Praxis 19
Meine Maßnahmen: Was ich tun werde!

Machen Sie die Praxis 19 für jedes Ihrer Konzepte, die Sie ausgewählt haben (Praxis 14). Formulieren Sie die Maßnahmen als kleine Portionen, die jeweils in sich abgeschlossene Schritte auf dem Weg zum Ziel sind. Benutzen Sie dabei die Zwischenresultate als Meilensteine, bevor Sie sich für den nächsten Schritt verpflichten. Der dritte Schritt kommt nach dem zweiten, der zweite nach dem ersten und nicht umgekehrt.

Ihre Maßnahmen werden um so sicherer zum Erfolg führen, je stärker Sie diese mit Ihrer Alltagsroutine verbinden, oder sie sogar zum Inhalt dieser Routine machen. Wenn Ihre Ziele nicht Ihre Routine bestimmen, sollten Sie sich darüber noch einmal Gedanken machen. Wenn Sie in die Stadt fahren, um zwei Dinge zu erledigen, bedarf es oft keines wesentlich größeren Aufwandes, auch drei oder vier Dinge zu tun. Je besser Sie die Kunst beherrschen, Ihre Handlungen möglichst wirksam zu kombinieren, um so mehr schaffen Sie.

Praxis 19/Sie

Meine Maßnahmen: Was ich tun werde

1. Notieren Sie alle wichtigen Maßnahmen für die Umsetzung
   des Konzeptes.
2. Bringen Sie sie in einen zeitlichen Ablauf nach folgendem Schema:
   Maßnahmen, die ich zuerst erledige.
   Maßnahmen, die ich in der 2. Phase erledige.
   Maßnahmen, die ich in der 3. Phase erledige.
3. Schreiben Sie den Termin dahinter, wann das Ziel erreicht sein soll.
4. Notieren Sie Mitstreiter, die Sie als Unterstützung gewinnen.
5. Skizzieren Sie, welche Resultate die Maßnahmen Ihnen bringen
   sollen, und was Sie tun werden, falls das Ergebnis nicht erreicht
   wird.

Maßnahmen	Phase 1, 2, 3	Mitstreiter	erledigt	Resultat	neue Maßnahmen
1.					
2.					
3.					
4.					
5.					
6.					
7.					
8.					
9.					
10.					
11.					
12.					
13.					
14.					
15.					
16.					
17.					
18.					
19.					
20.					

9. Wie Sie Ihren Erfolg absichern

Manchem fällt es schwer, seine (neuen) Maßnahmen, mit denen er seine (neuen) Ziele erreichen will, in den üblichen Tagesablauf zu integrieren. „Er müsse etwas aufgeben", sagte Adolf, um alle notwendigen Maßnahmen erledigen zu können. Und genau das ist der Sinn von Zielen und Prioritäten: die Dinge zu tun, die Ihnen wichtig sind, und die Dinge nicht zu tun, die Ihnen nicht wichtig sind. Einer von Adolfs „Macher-Vorbildern" hatte gesagt: Ich habe kein Zeitproblem, ich habe nur ein Prioritätenproblem!"

Suchen Sie sich Mitstreiter. Freunde, Kollegen, Partner, Chefs oder Untergebene werden Ihre Maßnahmen unterstützen, wenn Sie darin einen Sinn für sich entdecken können. Das bedeutet meistens, daß Sie Ihre Resultate in das Denken und in die Bedürfnislage der anderen umformulieren müssen. Gehen Sie davon aus, daß keiner ein Interesse an Ihren Resultaten hat, solange er nicht versteht, was für ihn dabei herauskommt.

Adolf hatte beträchtliche Schwierigkeiten, den Denk- und Bedürfnisrahmen anderer für seine eigenen Resultate zu nutzen. Wir nennen das „Reframing" oder Umdeuten: Wer die Tendenz hat, sein Denken, seine Regeln, seinen Rahmen auf andere anzuwenden, schafft sich keine Mitstreiter, sondern manchmal unnötige Gegner. Überlegen Sie sich bei allem, was Sie tun, wer ein Interesse, und vor allem welches, daran haben könnte, ihr Mitstreiter zu sein, und wen Sie (und wie) als Arbeitspartner gewinnen wollen.

10. Glossar

Anker:

Konditionierung durch ein Signal, wie Pawlows Glocke, die den Speichelfluß beim Hund auslöst. Das Lied, das Sie an Ihre erste Liebe erinnert und bei Ihnen immer wieder neu Ihre damaligen Gefühle auslöst. Anker lösen → Programme, feste neurophysiologische Abläufe.

Coaching:

Beratungsmethode, bei der der Coach dem Klienten hilft, sein Ziel zu erreichen, übernommen aus dem Bereich des Sports. Coaching ist ein verschwommener Modebegriff, der für unterschiedliche Leistungen verwendet wird. Das → IRP = Individuelle Ressourcen Programmieren erhebt den Anspruch, über ein methodisch ausgefeiltes Beratungsmodell zu verfügen, bei dem der Coach dem Klienten durch unterschiedliche Interventionen behilflich ist, seine Ressourcen so zu „programmieren", daß er sein Ziel erreicht. IRP ist immer zielorientiert, nicht problemorientiert. Problemorientiertes Coaching hat in der Regel mehr schädliche als nützliche Effekte.

IRP:

Individuelles Ressourcen Programmieren. Eine Beratungsmethodik, die zielorientiert die vorhandenen → Ressourcen zu funktionsfähigen → Programmen verankert, ohne bestehende Programme zu verändern, aber über diese hinaus zusätzliche Wahlmöglichkeit schafft.

Kreativitäts-Ressource:

Die → Ressource, in der man Ideen, Problemlösungen, neue Wege findet oder erfindet. Der Kreativitätszustand ist ein spezifischer neurophysiologischer Zustand, der es mir erlaubt, → Programme anzuwenden, die neue Ideen (als Resultate) herstellen.

Diese Programme nennen wir auch „Kreativ-Strategien". Bei vielen Personen sind konstruierte visuelle Vorstellungsbilder die wesentlichen „Programmbausteine". Durch Veränderung der jeweiligen Qualitäten der (visuell) konstruierten Wahrnehmungen (→ Submodalitäten) wie Bildgröße, Entfernung, Farbe, Form, Schrift etc. kann die Kreativitäts-Ressource verstärkt werden (→ IRP).

Kritiker-Ressource:

Die Fähigkeit, Ideen, Lösungen, Maßnahmen und Konzepte im Sinne der eigenen Ziele und Werte richtig einzuschätzen, zu bewerten und zu beurteilen und sich für die erfolgreiche Alternative entscheiden zu können. Gemeint ist die positive Wertung, die konstruktive Kritik, nicht jedoch die destruktive, sich selbst lähmende oder zerstörende Kritik. Gute Kritiker haben einfache und klare Kriterien, meist nur zwei bis drei, keine allzu große Komplexität. Sie prüfen die zu bewertenden Ideen/Lösungen durch innere Dialoge (Selbstgespräche), indem sie Kriterien der Ideen/Lösungen mit ihren eigenen vergleichen.

Durch Veränderungen der Qualitäten (→ Submodalitäten) der inneren Dialoge und der damit verbundenen körperlichen (kinästhetischen) Wahrnehmungen kann die Kritiker-Ressource verstärkt werden. (→ IRP)

Macher-Ressource:

Die Fähigkeit, Ideen und Lösungen in Maßnahmen umzusetzen und Wirklichkeit werden zu lassen. Der „Handlungszustand" ist ein → neurophysiologisches Programm mit einer hohen körperlichen Umsetzungsenergie. Macher sitzen nicht lange ruhig. Sie lassen sich mit Sprintern in Startpositionen vergleichen, die eine hohe kinästhetische Bereitschaft mit der Denkweise verbinden, sich kleine Portionen nacheinander vorzunehmen. Das Macher-Programm ist subjektiv über Sinnes-

wahrnehmungen (→ Modalitäten) definiert (z. B. Körperwahrnehmung), deren Qualitäten (z. B. Intensität, Wärme, Körper-
spannung usw. → Submodalitäten) verändert werden können, um
die Macher-Ressource zu verstärken (→ IRP).

Mentor:

Eine Person, die ich gedanklich oder wirklich als externe →
Ressource nutze, indem ich sie um Rat frage oder als Vorbild
benutze. Ich kann den Mentor als Modell für eigenes Verhalten
nutzen.

Modalitäten/Submodalitäten:

Was Sie sehen, hören, fühlen, schmecken, riechen, sind
Wahrnehmungsmodalitäten, z. B. ein Vorstellungsbild von
einem neuen Auto, das Sie kaufen möchten. Dieses Bild kann
in unterschiedlichen Formen/Qualitäten sein: groß/klein, nah/
fern, gerahmt/offen, bunt/schwarzweiß, scharf/unscharf usw.
Diese Qualitäten nennen wir Submodalitäten.

Die Veränderung von Submodalitäten verändert die subjektive
Erfahrung, die mit der Wahrnehmung verbunden ist. Wenn sie
z. B. Ihr Vorstellungsbild von Ihrem neuen Auto größer und
klarer machen, kann das Ihren Wunsch nach diesem Auto, wie
immer Sie ihn fühlen, verändern. (→ Neurophysiologische
Programme).

Neurophysiologische Programme:

Subjektive innere Abläufe, die sich in äußeren, beobachtbaren
Veränderungen (Zugangshinweise) oder in Verhalten äußern
und die durch äußere oder innere Signale (→ Anker) ausgelöst
werden können. Die Erfahrung bestätigt, daß subjektive
Wahrnehmungen, Sprache, Nervensystem und die gesamte
Physiologie (andere Systeme) zu Programmen verbunden sind.
Solche Programme können → Ressourcenzustände, Problem-
zustände oder → Zielzustände darstellen oder auslösen.

Programm:
Gelernte neurophysiologische Abläufe, wie etwa der Speichelfluß, wenn man zusieht, wie ein anderer eine Zitrone zer-
schneidet, oder der Fußtritt auf die Bremse, wenn die Ampel
auf Rot schaltet.

Problemzustände:
Neurophysiologische Zustände, die sich als subjektive Erfahrungen durch Sinneswahrnehmungen beschreiben lassen bzw.
repräsentiert sind. Problemzustände sind z. B. durch Zugangshinweise (Körperhaltung, Augenmuster, Sprache/Stim-
me) durch andere Personen feststellbar. Problemzustände
werden oft durch die „Warum"-Frage ausgelöst, die in das jeweilige Problem hineinführt. Demgegenüber führt die „Wie"-
Frage eher zu den Ressourcen-Zuständen, weil sie Lösungen
(und nicht Ursachen), Zukunft (und nicht Vergangenheit)
provoziert.

Nehmen Sie z. B. die typische Körperhaltung, Stimme usw.
eines depressiven Menschen. Er wird kaum in den Himmel
schauen.

Ressource, Ressourcen-Zustand:
Die Fähigkeiten, Energien, der Glaube, etwas tun zu können,
und der dazu erforderliche körperliche Zustand (= Ressourcen-Zustand). Die physiologische Bereitschaft, etwas tun
zu können und zu wollen: Ich fühle mich gut und stark, und
deshalb wird es klappen.

SPEZI:
Die Erfolgsformel für Zielformulierungen:
S = sinnlich wahrnehmbar
P = positiv formulieren
E = eigenständig erreichen können

Z = Zusammenhang definieren
I = Intentionen erhalten
Wenn Sie diese Formel anwenden, haben Sie Ihre Garantie für
die Zielerreichung eingebaut.

ZIAKA:

Das Rezept für eine erfolgreiche Ziel-Problemlösung und
Zielerreichung:
Z = Sie wählen und formulieren Ihr Ziel und Ihre Zielfrage.
I = Sie nutzen Ihre Kreativität und finden Ideen, Lösungen
und Maßnahmen, wie Sie Ihr Ziel erreichen könnten.
A = Sie nutzen Ihre Wertmaßstäbe und positive Kritiker und
treffen die für Sie richtige Auswahl.
K = Sie formulieren Ihre Konzepte, wie Sie Ihr Handeln
steuern wollen.
A = Sie setzen Ihre Konzepte durch Aktionen um.

Zielzustand:

Ein neurophysiologischer, subjektiver Zustand, der sich als
subjektive Erfahrung durch Sinneswahrnehmungen beschreiben läßt. Diese subjektive Erfahrung wird durch das → SPEZI-
Modell verinnerlicht und damit zum subjektiven Vergleichs-
programm für den SOLL/IST-Vergleich. Solange SOLL-
Erfahrung und jeweilige IST-Erfahrung nicht identisch sind,
werden → Ressourcen benötigt und eingesetzt, um dem Zielzustand SOLL näher zu kommen. Es ist ein wesentlicher Unterschied, ob eine Person einen Zielzustand tatsächlich „er-
fährt", oder ob sie das Ziel nur sprachlich repräsentiert.

Weitere Fachbücher zu Verkauf und Karrierestrategie

M. H. Mc Cormack
110 Prozent
Spitzenleistungen aus eigener Kraft
1992, 299 Seiten, 72,– DM

Wolf W. Lasko
Stammkunden-Management
Strategien zur Umsatzsteigerung
1993, 292 Seiten, 78,– DM

Wolf W. Lasko
Small talk und Karriere
Mit Erfolg Kontakte knüpfen
1993, 176 Seiten, 58,– DM

Wolfgang Maderthaner
Der Kundenmanager
Das Erfolgskonzept
im Verdrängungswettbewerb
1991, 198 Seiten, 84,– DM

Willem F. G. Mastenbroek
Verhandeln
Strategie – Taktik – Technik
1992, 256 Seiten, 72,– DM

Uli Müller-Schwarz / Bernhard Weyer
Präsentationstechnik
Mehr Erfolg durch Visualisierung
bei Vortrag und Verkauf
1991, 228 Seiten, 76,– DM

James W. Pickens
Closing
Erfolgsstrategien für offensive Verkäufer
1989, 319 Seiten, 72,– DM

James W. Pickens
Masterclosing
Die Erfolgsgeheimnisse
der Sales-Manager
1993, 256 Seiten, 72,– DM

D. Schneider / W. Rechtien
Die Macht des Arguments
Sicher auftreten, klar formulieren,
mit Überzeugung gewinnen
1991, 261 Seiten, 64,– DM

Udo B. Schwartz
First Class
In Spitzen-Restaurants und Top-Hotels
professionell auftreten
1993, 224 Seiten, 68,– DM

Rosemarie Wrede-Grischkat
Manieren und Karriere
Verhaltensnormen für Führungskräfte
1992, 332 Seiten, 72,– DM

Stand der Angaben und Preise:
1.12.1993
Änderungen vorbehalten.

GABLER

BETRIEBSWIRTSCHAFTLICHER VERLAG DR. TH. GABLER, TAUNUSSTRASSE 52-54, 65183 WIESBADEN